Nブックス

新版 調理学

編著 鈴野弘子・真部真里子

共著 荒井恵美子・大迫早苗・久保加織・玉木有子
土屋京子・藤原智子

建帛社
KENPAKUSHA

　"現代の食生活の多様化と変貌には目を見張るものがあり，さらに新しい時代への足音が高まっている。食の営みのターゲットは，「おいしく食べて健康長寿でありたい」「おいしく食べて美しくありたい」ということである。"

　これは，本書の前身である『Nブックス調理学』（川端晶子・畑明美共著，初版2002年刊行）の冒頭の一節であるが，18年経った今も，この文章にさほどの違和感はない。当時と同様，わが国は，家族形態やライフスタイルの多様化，超高齢社会の進行などの社会的変容を背景に，食へのニーズが多様化・複雑化し，さらに，食料自給率の低下，食料資源の浪費，伝統的食文化の衰退といった課題を抱えている。しかし，その変化のスピードと規模，課題の深刻化は，18年前の想定をはるかに超えるものであった。そのため，課題解決に向け，「食育基本法」の制定，「食生活指針」，「健康日本21」の策定などが行われてきた。また，2013年には「和食：日本人の伝統的な食文化」がユネスコ無形文化遺産に登録された。世界的には2015年の国連サミットにおいて「持続可能な開発目標（SDGs）」が決定されるなどの動きも活発化している。

　人は，生理的欲求と生活文化に基づく価値判断によって，その日にいただく食べ物の選択を行っているが，その最終的な価値を決定づけるのが調理である。そのため，上述した食に関わる課題解決に向け，調理の意義はますますの高まりをみせている。

　だからこそ，本書は，"調理学は「どのような食べ方をしたらよいか」を学び，研究する学際領域の学問である"という，前出『Nブックス調理学』での提言を深く受け止め，これを基本方針とした。

　前出『Nブックス調理学』は，調理学の教育と研究の進展に力を尽くされた川端晶子先生，畑明美先生のお二人で執筆された。内容は，シンプルながらも"人の心身の健康と幸福を願い，調理に関する事柄を科学的に究明し，法則性を見出し，調理の技術の向上や食生活の実践に役立つ理論を提供すること"が調理学の使命であるという熱い思いの詰まったものだった。しかしながら，ここ20年弱の社会変化に鑑みれば，本書がこれからの大学・短期大学等における「調理学」の学びに貢献し続けるためには，普遍的な調理の理論に加えて，人々の暮らしの変貌や食関連技術の進歩に即した内容，調理科学の新たな知見を加えることが不可欠であった。そこで，本

書の趣旨にご賛同いただけた執筆陣の先生方によるご尽力のもと，このたび「新版」としてＮブックスの新たな「調理学」を刊行させていただくこととなった。

　「新版」では，目指す専門性は違っても調理学を学ぶ皆さんにとって，より活用しやすいものとなるよう，"調理"に関わる事柄を広く収集した上で，内容を整理し，それぞれの事象を限りある紙面の中でできるだけ丁寧に解説するよう努めた。調理理論の基礎はそのままに，最新の調理科学や社会の変化にも対応した内容が加わり，あらゆる立場で広く活用いただけると考える。本書が，調理学への興味をかきたて，理解を深め，これからの食分野の発展に貢献することを切に願っている。

　本書の執筆にあたり，多くの先達による文献や成書を引用あるいは参考にさせていただいた。心からの感謝の意を表したい。

　終わりに，「新版」発行のご提案をいただき，献身的なご尽力，ご配慮をいただいた建帛社社長筑紫和男氏をはじめ，編集部の方々に心よりお礼を申し上げる。

2020 年 2 月

鈴野　弘子

真部真里子

第 1 章

調理学の概要

調理は，本来文化的行為であるが，実際の調理過程では科学としての側面をもつ。また，調理学は，「人間はどのような食べ方をしたらよいのか」を探究することを目的としている学際領域の学問である。つまり，物と心の接点である「食べ物」を対象とし，調理に関する事柄を科学的に究明し，法則性を見いだし，調理の技術の向上や食生活の実践に役立つ理論を提供することを目的としている。本章では，調理学とはどういう学問なのか，基本的な考え方を学ぶ。

1. 調理とは何か

調理という言葉の意味を辞書で調べると，「物事を整えておさめること，料理すること」（『広辞苑 第七版』岩波書店）とある。すなわち，調理とは食品をおいしく，すぐ食べられるように調製することである。一方，英語のクッキング（cooking），フランス語のキュイジーヌ（cuisine）はラテン語のコクエル（coquere）からきた言葉で，主に加熱するという意味がある。

日本語には料理をするという言葉もあるが，料理とは「はかりおさめること，食物をこしらえること」と「また，そのこしらえたもの」という意味がある。しかし，一般に調理と料理の関係は，食品素材を調理して料理に仕上げると解釈されている。

調理の具体的な目的として，次の3つが挙げられる。

① 食品の選択や調理操作により，食品の消化，吸収を容易にする。

② 有害なもの，不要なものの除去や加熱により，食べ物を安全かつ衛生的で，食べやすくする。

③ 外観（形，色），味，香り，テクスチャー（食感），温度などをととのえ，嗜好性を高める。

調理は，まず食事の計画，すなわち献立立案から出発し，食品素材を選択・入手し，下準備を経て主要な調理操作を行い，調味して，おいしい食べ物を完成して，食器に盛り，食卓構成を終えるまでを指す。そのため，これらの一連の工程が完了するまでのすべてが，調理学の対象となる（図1−1）。実際の調理の過程で起こる諸現象は，普遍的な理論で科学的に理解することができるが，その背景には文化，風土，環境的要素が存在している。また，食べ方の傾向には，政策や思想，宗教の影響も潜んでいることも少なくない。それゆえ，調理という行為の解明には，人間学としての文化的側面を無視することはできない。

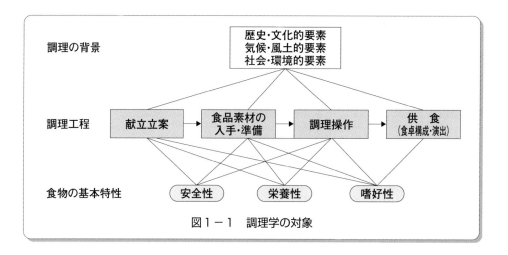

図1-1　調理学の対象

2. 調理の文化

2.1　食事文化と伝承

（1）調理の歴史と起源

　現代人は，日々調理した食べ物を利用している。しかし，食料を生産して加工技術や調理技術を発達させる以前の人間は，自然のまま（野生）の食物を食べて暮らしていた。ただし，自然のままの食材でも可能な限り手を加えて食べやすくしていた。例えば，約250万年前の原人は旧石器を使い，動物を解体した。また，素早く効率的に食物を加工できる火の利用は，約100万年前にみられる。加熱調理をすると動物性たんぱく質や炭水化物の消化吸収が高まり，病原となる寄生虫や細菌が減少する。これにより，人間は摂取エネルギーが増加し，脳や体が大型になったといわれている。一方，約1万年前に氷期が終わり，気候が温暖化すると，人間にとって氷期に重要な食料だった大型動物が環境に適合できずに絶滅した。また，豊かな森林の発達とともに海水面が上昇し，海岸線が内陸に侵入してきた。このような環境変化は食性変化をうながし，水産資源の利用や植物食への依存が高まった。さらに土器が発明され，水をはって食物を煮炊きする調理法が確立されて食べ物の幅が広がっていった。日本列島では，ドングリなどの堅果類のあくを抜き，可食化するのに土器が貢献した。

　このように人は，身近にある動植物を食べることを試みながら適したものを選択してきた。さらに，気候，風土に合わせて，より望ましい食べ物を得るために，栽培，飼育，貯蔵，加工，調理などの技術を開発した。これらの経験を重ねることによって歴史と文化を培いながら，人間としての食べ方を形成してきた。

（2）行事と食

　日本人の生活には，日常と非日常がある。非日常の日には，年中行事や通過儀礼などが行われる。**年中行事**とは，「1年の中に一定の時期に慣例として行われる行事，祭

表1－1　年中行事と食べ物

月日	行事	食べ物
1月1日	元旦	鏡餅，屠蘇酒，雑煮，おせち料理
1月7日	人日（じんじつ）の節句	七草粥
1月11日	鏡開き	雑煮，汁粉
1月15日	小正月（こしょうがつ）	小豆粥
2月3日頃	節分	煎り大豆，巻きずし，いわし
2月14日	聖バレンタインデー	チョコレート
3月3日	上巳（じょうし）の節句	白酒，草餅，ひなあられ，桜餅
3月21日頃	春分・彼岸の中日	ぼた餅
5月5日	端午の節句	しょうぶ酒，ちまき，柏餅
7月7日	七夕の節句	そうめん
9月9日	重陽（ちょうよう）の節句	菊酒，菊飯
9月15日	中秋の名月	月見団子，さといも
9月23日頃	秋分・彼岸の中日	おはぎ
12月22日頃	冬至（とうじ）	かぼちゃ
12月25日	クリスマス	ローストチキン，クリスマスケーキ
12月31日	大晦日（おおみそか）	年越しそば

注）年中行事のほとんどは太陰暦のもとで行われるが，ここでは太陽暦で示している。
出典）江原絢子編：日本の食文化 新版「和食」の継承と食育，p.142，アイ・ケイコーポレーション，2016より作成

事」（『広辞苑 第七版』岩波書店）である。年中行事の際に食べる特別な食べ物が**行事食**である（表1－1）。日本では，中国の影響を受け，7世紀以降宮中行事として新嘗祭や大嘗祭が催され，奈良・平安時代になると節の日に特別な食が規定されるようになった。年中行事は，まず，神仏を迎え，神饌として米や酒などを供えて祭典を行い，供え物を下げていただく酒宴（直会）が開かれる。これが行事食の本来の姿で，その代表が酒，餅，飯である。これらには諸病諸厄を払う願いが込められている。

一方，民間の行事は，豊作や豊漁を祈る行為に由来するものが多い。これらの行事に参与することは共同体の一員としての義務であって，行事食を共にとることで共同の意識を向上させている。しかし，近年では，キリスト教行事のクリスマスにローストチキンやクリスマスケーキ，聖バレンタインデーにはチョコレートなど，新しい行事と食がもたらされ，伝統的な行事と食は簡略化されるようになり継承が危惧されている。

表1－2　通過儀礼と食べ物

通過儀礼	食べ物
誕生	産飯，白米飯
七五三	赤飯，千歳飴
成人式	赤飯，酒
結婚	酒，鯛，かまぼこ，さしみ，餅，えび，数の子，きんとん，きんぴら，吸い物
葬儀	枕飯，枕団子，酒，煮しめ，白あえ，白飯，赤飯，お斎，とうふ，きんぴら，みそ汁

江原絢子編：日本の食文化 新版「和食」の継承と食育，p.144，アイ・ケイコーポレーション，2016より作成

　　通過儀礼とは，人間の生涯において誕生，成人，結婚，死亡といった各段階を通過する際に行われる儀礼をいう。誕生，七五三，成人，結婚，葬式などがこれにあたる。神の加護を受けるととともに，儀礼食として周囲の人たちへの感謝の意を込めて共食が行われる。通過儀礼にかかわる食べ物を表 1 - 2 に示した。

（3）風土・社会と食
1）社 会 と 食
①　食育に関する政策

　　我が国の食生活は，家族の形態や多様化するライフスタイルに伴って大きく変容した。また，多様化・複雑化する食へのニーズは，食料自給率の低下をはじめ，貴重な食料資源の浪費や，伝承していきたい食文化の衰退にもつながっている。このような背景から2005（平成17）年，食育に関する施策を総合的かつ計画的に推進し，現在および将来にわたる健康で文化的な国民の生活と豊かで活力のある社会の実現に寄与することを目的として**食育基本法**が制定された。この法律には，「食育を，生きる上での基本であって，知育，徳育及び体育の基礎となるべきものと位置付ける」，「様々な経験を通じて『食』に関する知識と『食』を選択する力を習得し，健全な食生活を実践することができる人間を育てる」と示されている。

②　食事における思想

　　人間の日々の生活を通じて食事に対する思想が形成され，食べ方のルールが生まれる。例えば，**菜食主義**は，19世紀に，肉や魚は食べず，卵や乳類の摂食は本人の選択によって，穀物・野菜・豆類などの植物性食品を中心にした食生活を行う運動が展開されたことから始まった。宗教的教義，栄養や健康の保持，生命の尊厳を理由とするほかに，地球環境保全や途上国援助のために菜食のライフスタイルを選択するベジタリアン（菜食主義者）もいる。

　　また，**スローフード**は，食とそれを取り巻くシステムをよりよいものにするための世界的な草の根運動である。1989 年にイタリアで，郷土に根付いた農産物の消失や文化の衰退，ファストライフ（fast life）・ファストフード（fast food）の台頭，食への関心の薄れを危惧したことから始まった。スローフードは，おいしく健康的で（good），環境に負荷を与えず（clean），生産者が正当に評価される（fair）食文化を目指す社会運動でもある。

③　食事と宗教

　　現代の日本では，宗教と食事の関係を意識することは少ないが，宗教が生活の土台となっている国は多く，食事にもそれらの教えが影響している。多くの宗教では，食べることがタブーとされる食品が存在する。

　　仏教の基本的な教えに不殺生がある。そのためアジアに多い敬虔な仏教徒は，肉食を避ける菜食主義者も多い。日本も古来，仏教伝来により肉食禁忌の思想が広まり，これらの思想に基づき植物性食品に限って使われる精進料理が発達した。

　イスラムの教えに該当する食品を**ハラール食**というが，ハラールとは「許されている。合法的」という意味のアラビア語である。イスラム教徒（ムスリム）は「死肉，血，豚肉，神以外の名のもとに屠られたもの」を食したり，「酒」を飲んだりすることは，神によって禁じられていると判断し，それ以外の「許されたもの」や「不浄ではない清浄なもの」だけを摂取したい，用いたいと考える。また，イスラム教では，左手は不浄とされ，食事や握手，物の受け渡しには必ず右手を使う。

　インド・ネパール等の南アジアに信者の多いヒンドゥー教では，牛は神聖な動物とされ，最も厳格な掟として牛は食べない。また，豚も不浄な動物であるため，基本的に食べない。さらに五葷（にんにく，にら，らっきょう，たまねぎ，あさつき）も禁じられている。乳製品等は心身や魂を浄化すると考えられている。日常的に断食をすることが多いが，完全に食を断つということではない。

　なお，五葷は道教や仏教でも避けられており，精進料理では使用を慎む。

２）食事様式と食卓構成・食事提供

　食品素材から調理操作を経て，最終的にできあがった料理（食べ物）を食器に盛りつけ提供する際，その場や目的，食事様式に応じて快適な食事環境を整える必要がある。配膳，テーブルや部屋のセッティング，コーディネートまでのトータルの演出が大事である。

２.２　食事構成

（１）日本料理様式

　日本列島は温暖な気候に恵まれ，四季折々に豊富な食材が入手できるため，日本人は季節感を基に選択された食材の風味を存分に楽しむ。すなわち，**日本料理**では個々の食材の旬を大切にする。淡白であるが，味付けしないのではなく，うま味を基本に，みりん，砂糖などの甘味や中国から伝えられた発酵調味料（みそ，しょうゆ）を巧みに利用する。献立は，飯を主食とし，汁物，菜を副食として添える。日本料理は，目で食べるともいわれ，料理の色や形に気を配り，器との調和を大切にする。日本料理には，時代背景やもてなし方の異なるいくつかの形式があり，代表的な形式に**本膳料理**，茶の湯の席で茶をもてなす前に出される食事の**懐石料理**，酒宴向きの食事である**会席料理**がある。

　会席料理の配膳方法には，一度に料理を並べる場合と，一品ずつ間隔をおいて料理を供する酒宴むきの配膳がある。給仕はすべて主客から行う。座敷では原則として客の前方から料理を供す。日本茶は最後に供する。通常，料理は器を持って箸でいただく。食器は主に

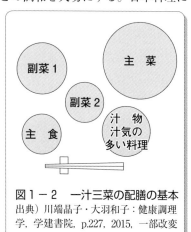

図１−２　一汁三菜の配膳の基本
出典）川端晶子・大羽和子：健康調理学，学建書院，p.227, 2015，一部改変

磁器，漆器を用いる。箸先が膳や食卓に触れて汚れるのを防ぐため箸置きを使う。日本の日常食（一汁三菜）の配膳を図1－2に示した。

（2）中国料理様式

　中国は広大な領土であるため，地域によって風土や気候が大きく異なり，その地域独自の料理が生まれている。飢餓と戦乱の中で生きてきた中国の人々は，様々な食材を使い，保存性を高める工夫や独特の調味料を生み出した。**中国料理**の共通点としては，油脂の使用が多いのが特徴である。献立は，主食，副食の概念はなく，動植物食品を中心に広範囲の食材が料理に利用され，菜と点心により構成される。菜の献立は加熱料理法ごとに組まれるが，炒めてから煮るといった複合調理が多い。

　中国料理では，1卓6～8人の円卓を用いることが多い。出入口から遠いところが主客で，それに相対するところに主人が座る。大皿に盛った料理を卓の中央に置き，各位が自分の小皿に取り分ける方法や，テーブルを右回転させて料理を主客の前で止め，サービス係が再度テーブルで料理を取り分ける方法がある。いずれも主客から給仕する。食器は，料理が変わったり，汚れたりしたら取り替える。食器は陶磁器が一般的であるが，銀やすずの金属器も使われる。箸は，日本の箸より長く，銀や漆塗りのものもある。れんげは，大きい取り分け用と小さい個人用がある。

（3）西洋料理様式

　西洋料理は，近世に確立したフランス料理が中軸となり，ほかの欧米諸国がこれにならっている。ヨーロッパ諸国は，地中海を中心とした広大な面積のなかで，古くから地域間の交流もあり，海産物，畜産物，農産物ともに豊富であった。唯一香辛料が入手し難かったため，主に植民地の東南アジアを経由して入手した。西洋料理には，日本や中国のように発酵を利用した調味料はなく，ハーブやスパイスを巧みに利用して，料理ごとにソースを作り，味に変化を持たせている。献立は，主食，副食の概念はなく，獣鳥肉類，乳・乳製品の料理を主体に，野菜，果物などを付け合わせやサラダとして用いる。

　西洋料理では，飲み物は，客の右側より給仕する。料理は，一品ずつ各人の皿に盛って順番に供し，食べ終えたら次の料理を供する。料理は，客の左側から給仕することが原則とされている。テーブルクロスの素材は，麻，綿，化繊混紡や，これらを撥水加工したものがある。ナプキンは口元や指先をふいたり，衣服を汚さないためにも使用する。カトラリーは，刃物の総称であるが，通常は食べ物を口に運ぶための道具を指す。

（4）その他の料理様式

　エスニック料理とは，もともと移民が自国料理を食べるために作った料理にその起源があり，民族料理ともいわれているが，日本では主に東南アジア一帯，中近東，中

南米の料理の総称としていることが多い。一方，**折衷料理**は，固有の日本料理に，中国料理，西洋料理，その他の料理が合わさって新しく生み出された料理様式である。現代は和洋中のみならず，その他の諸外国の料理も混在している折衷料理時代となっている。

3．食生活と調理

3.1　食事環境と調理

（1）食生活の変化と調理

　我が国の食料事情は，1945（昭和20）年の敗戦によって悪化したが，昭和30年代の高度経済成長により生活が豊かになり改善した。しかし，同時に公害問題や食品汚染などの問題も生じはじめた時代でもある。この頃食はますます豊かになり，スーパーマーケットの登場とともに，電気冷蔵庫の普及や低温輸送のコールドチェーン化が進み，新鮮な野菜や魚，肉のほか，ハム，ソーセージや牛乳，バター，チーズ，さらには清涼飲料水やビールなどを，いつでも口にすることが可能となった。また都市ガスやプロパンガスの普及によって火が自由に使えるようになったため，焼き物が手軽になっただけでなく，揚げ物や炒め物など西洋風・中華風の料理が簡単にできるようになった。さらに食生活の洋風化が急速に進み，特に米の消費量は減少して，米余り現象が生じた。また，バブル景気には，食生活と料理そのものに著しい多様化の波が訪れ，ファミリーレストランやファストフードのチェーン店が各地に出現し，食を楽しむ外食空間が一気に拡大した。さらには外食感覚の延長線上に，**中食**という新しい食のスタイルが登場した。外食という範疇に収まらない中食は，現在，孤食という食事形態への変化の中できわめて高い需要を得ている。

（2）調理と環境

　調理の過程すべては，現代の地球環境問題と密接な関係にある。現在の世界の課題である貧困・人権・気象変動の3つを同時に解決し，持続可能な社会を形成するために**エシカル**の概念が導入されるようになった。エシカルとは，人や社会，地球環境，地域に配慮した考え方や行動を意味する。特に，この概念に基づく消費行動として「エシカル消費（倫理的消費）」の必要性が唱えられている。消費行動を含む調理活動は，毎日繰り返されており，どのような意識をもって調理に取り組むかは，エネルギー問題，廃棄物，水質汚染などにはじまり，未来の地球環境に，少なからず影響を与えることになる。

1）食品選択とエネルギー

　食品を適切に選択することで，エネルギーの消費を低減し，環境に与える負荷を減らすことができる。これらを実現させる考え方はいくつかある。

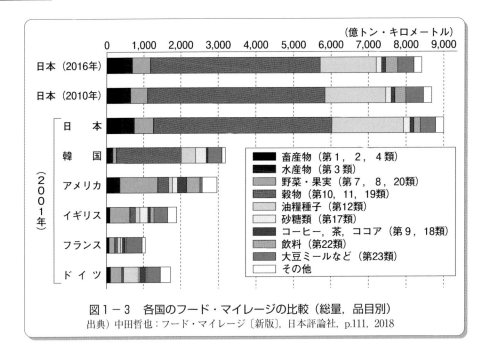

図1-3　各国のフード・マイレージの比較（総量，品目別）
出典）中田哲也：フード・マイレージ〔新版〕，日本評論社，p.111，2018

　フード・マイレージは，イギリスのフードマイルズ運動を参考にした考え方である。これは，食品の重量に輸送距離をかけあわせた指標であるフードマイルズを意識して，なるべく地域内で生産された食料を消費することなどを通じて，環境負荷を低減させていこうというものである。フード・マイレージの計算方法は，食料の輸送量に輸送距離をかけ合わせて累積し，トン・キロメートル（t・km）の単位で表記される。食品の生産地と消費地が遠いと，フード・マイレージは大きくなり，輸送に関わるエネルギーの必要量が増大していることを示している。各国のフード・マイレージの比較を図1-3に示した。

　地産地消は，地域で生産された農産物を地域で消費する考え方である。生産と消費を結びつけ，「顔が見え，話ができる」関係づくりを行う取り組みであり，各地域で盛んに行われている。こうした取り組みは，生産者の生産意欲が高まるとともに，消費者が地産地消を意識した日常生活を送るためフード・マイレージの縮小にもつながっている。

　日本は四季の変化がはっきりしているため，特に農産物はそれぞれの地域や季節に適した作物が栽培・収穫されている。本来の旬に栽培し収穫された作物は，旬以外の季節にビニールハウスやガラス室などを用いた栽培のように，多くのエネルギーを使わなくて済む。そのため，旬の食材を選ぶことはエコロジーであるともいえる。

2）食品廃棄

　食品ロスとは，まだ食べられるのに廃棄される食品のことである。2019（令和元）年度推計による日本の食品ロス量は570万トンであり，その46％が家庭由来である（農林水産省，環境庁，令和元年度推計）。2015（平成27）年に国際連合で採択された「持続

可能な開発のための2030アジェンダ」で定められている**持続可能な開発目標**（Sustainable Development Goals：**SDGs**）のターゲットの１つに，2030年までに小売・消費レベルにおける世界全体の一人当たりの食品廃棄物を半減させることが盛り込まれるなど，近年，食品ロスについて関心が高まっている。

３）調理に関係する生活排水

生活排水は，トレイの排水と台所・洗濯・風呂などの生活雑排水に分けられる。水の汚れの度合いを表す指標として，通常**BOD**（biochemical oxygen demand：**生物化学的酸素要求量**）が用いられるが，生活排水のBODの70％を生活雑排水が占め，そのうち40％が台所からの排水である。調理後の鍋やフライパンに残った油は紙でふき取ってから洗うなど，調理を工夫して水を使うことが大切である。

３.２ 食の安全と調理

（１）食べ物の安全と調理

食品の危害要因（ハザード）には，生物的（食品成分，病原微生物など），化学的（残留農薬，抗生物質，洗浄剤・消毒剤等），物理的（金属片，ガラス片等）なものがある。

調理の下準備にあたる洗浄は，食品に付着している汚れ，農薬，防かび剤等の有害物質，寄生虫や病原菌等を除去し，切砕では，食品の不消化部分や不可食部分を包丁や料理ばさみで除去している。いずれもこれらの処理によって安全性が高められている。例えば，毒性の高いテトロドトキシンを体内に含むふぐの調理には，免許を要する者が従事することが義務付けられ，安全性が確保されている。じゃがいもの芽や緑色になった皮部分に多く含まれる天然毒素のα-ソラニンやα-チャコニン（ステロイドアルカロイド配糖体）は，通常の加熱調理の温度帯では除去できないため切砕処理によって除いている。一方，大豆には消化吸収阻害物質トリプシンインヒビター，白花豆には糖結合性たんぱく質のレクチンが含まれ，生のままでは消化不良や食中毒の原因となるが，水を加えて加熱すれば容易に不活性化する。残留農薬の調理加工時の挙動については，明確な規則性は見出されていない。すなわち，残留農薬，作物，調理方法等の種類によって残存率が異なる。

細菌やウイルスなどによる食中毒予防は，食べ物に「つけない」，食べ物に付着した菌を「増やさない」，それらの菌を「やっつける（殺す）」という三原則がある。これを実行するために広く普及している方法として，**HACCP**（Hazard Analysis and Critical Control Point）がある。さらに，大量調理給食施設では，食中毒を未然に防ぐために策定された**大量調理施設衛生管理マニュアル**に従い衛生管理が行われている。

（２）加熱による有害成分の生成

食材を加熱すると，食材中の天然に含まれている成分から新たな成分ができることがある。ヘテロサイクリックアミンは，肉や魚などを高温調理するとアミノ酸とクレアチンの反応で生成される**発がん性物質**である。食品の焦げの部分に多い。これらの

有害物質を含む食品を摂取する際は，ビタミンCやポリフェノール等，抗酸化作用のある成分を含む食品とともに摂取することが望ましい。また，同様に発がん性を示すアクリルアミドは主にアミノ酸の一種であるアスパラギンと還元糖であるブドウ糖，果糖などが，揚げる，焼く，炒める等の120℃以上の加熱によって反応し生成する。ヒトにおける健康影響は明確ではないが，できる限りアクリルアミド摂取量の低減に努める必要があるとされている。炒め調理や揚げ調理をするときは食材を焦がしすぎないようにする，炒め調理の一部を蒸し煮に置き換えたりして炒める時間を短くするなど，調理を工夫することによって低減が可能である。

（3）食物アレルギー

　2001（平成13）年より食品衛生法に基づく，**加工食品のアレルギー表示制度**が法律で定められた。発症頻度が高いか，重篤な症状を起こしやすい食物（卵，乳，小麦，そば，落花生，えび，かに〔特定原材料〕）を微量でも含む場合には表示をする義務が生じ，調理にも注意が払われるようになった。同じ食品でも調理によってアレルゲンの強弱は異なる。学校給食においては，アレルゲン食品の混入を防ぐため，対応食の調理は，担当の調理員やその調理作業（エリアや器具等）を区別化している。

（4）摂食機能の低下

　食べ物を摂取するときは，目で見て食べ物を認識して口の中に運び，口の中で食べ物を小さくし，唾液と混合させて食塊をつくる。これを咀嚼という。そして，食塊を舌で口の後方に押し，瞬時に飲み込み，咽頭，食道を通り胃へ送る。口に入れてからの一連の過程は摂食という。また，咽頭から胃まで食べ物を運ぶことを嚥下という。摂食・嚥下障害は，食べ物を食べるとき，飲み込みが困難，のどにつかえる，むせるなどの症状を示す。特にサラサラした液体やまとまりにくいもの，パサパサしたものなどは，気管に入りやすく，窒息や誤嚥性肺炎を招く可能性がある。また低栄養の原因にもなる。特に高齢者においては注意が必要である。嚥下障害者にとって食べやすい食べ物にするため，調理によってとろみをつけたり，やわらかく煮るなどして，テクスチャーを改変し安全性を高めている。

　厚生労働省は，嚥下を容易にし誤嚥，窒息を防ぐ目的で特別用途食品における「嚥下困難者用食品の許可基準」を示している。また，2014（平成26）年に農林水産省が，国民の健康寿命の延伸を目的に，介護食品と呼ばれてきた食品の範囲を整理した**スマイルケア食**という新しい枠組みを発表した。その他の嚥下困難者用の食事の目安としては，摂食機能が低下した人が安心して食べられるような規格を示した**ユニバーサルデザインフード**の自主規格や嚥下困難者に対する嚥下調整食の段階分類を示した「日本摂食・嚥下リハビリテーション学会嚥下調整食分類2021」等がある。

4．食事計画と献立

4.1　食事計画の基本

　食事計画とは，食生活の様々な指針や食品の特性を理解し，献立を作成することから供食までを総合的に考えることである。

（1）食事計画の意義

　食事計画は，食事対象者のライフスタイルに見合ったエネルギー量や栄養素量をアセスメントなどによって設定し，献立の作成（Plan），食事の提供（Do），計画した献立の評価（Check），改善（Action）を一連のサイクル（PDCAサイクル）として考える。食事対象者が健常者の場合は，健康の維持増進や一次予防対策，傷病者等の場合は，適切な栄養管理により治療効果を高めることが食事計画の意義の一つといえる。

（2）食事計画の基礎知識

1）食生活指針

　食生活指針は，望ましい食生活を維持するため，国民一人ひとりが食生活改善に取り組むことを目的として，文部科学省，厚生労働省，農林水産省が合同で策定したものである。現在の食生活指針（2016年）では，肥満予防とともに若年女性の痩せや高齢者の低栄養の予防や改善を重点課題とし，適正体重の維持，生活の質（QOL）の向上，バランスのとれた食事内容，食料の安定供給や食文化，そして環境にまで配慮する10項目の指針としてまとめられている（表1－3）。

2）食事バランスガイド

　2005（平成17）年に厚生労働省と農林水産省によって作成，公表された食事バランスガイドは，「食生活指針」を具体的な行動に結びつけるためのものとして，1日に

表1－3　食生活指針

構成目的		項目
生活の質（QOL）の向上		①食事を楽しみましょう。
		②1日の食事のリズムから，健やかな生活リズムを。
適度な運動と食事		③適度な運動とバランスのよい食事で，適正体重の維持を。
バランスのとれた食事内容	料理レベル	④主食，主菜，副菜を基本に，食事のバランスを。
	食品（食材）レベル	⑤ごはんなどの穀類をしっかりと。
		⑥野菜・果物，牛乳・乳製品，豆類，魚なども組み合わせて。
	栄養素レベル	⑦食塩は控えめに，脂肪は質と量を考えて。
食料の安定供給や食文化への理解		⑧日本の食文化や地域の産物を活かし，郷土の味の継承を。
食料資源や環境への配慮		⑨食料資源を大切に，無駄や廃棄の少ない食生活を。
食生活の実践（見直し，改善）		⑩「食」に関する理解を深め，食生活を見直してみましょう。

文部科学省・厚生労働省・農林水産省決定（2016（平成28）年6月）

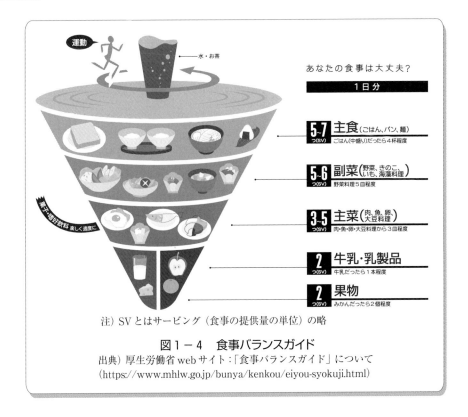

注）SVとはサービング（食事の提供量の単位）の略

図1-4　食事バランスガイド
出典）厚生労働省webサイト：「食事バランスガイド」について
(https://www.mhlw.go.jp/bunya/kenkou/eiyou-syokuji.html)

「何を」「どれだけ」食べたらよいかという食事の基本を身につけるため，望ましい食事のとり方やおおよその料理をわかりやすく，コマのイラストで示したものである（図1-4）。十分な摂取が望まれる量的な順番から「主食」「副菜」「主菜」と「果物」「牛乳・乳製品」に料理レベルと食品レベルで区分されている。食事には欠かせない「水分」をコマの軸とし，「運動」によってコマのバランスが安定する。

　食事バランスガイドの基本形は，身体活動レベルが「ふつう以上」の成人女性（高齢者を除く）や，身体活動レベルが「低い」男性のエネルギー量に相当する量（2,200±200kcal）で示されている。この他に該当する人でも基本形をもとに各料理区分の「つ（SV）」を調整することで活用できる。

3）日本人の食事摂取基準

　日本人の食事摂取基準は，健康増進法に基づき厚生労働大臣が定め，「国民の健康の保持・増進を図る上で摂取することが望ましい1日当たりのエネルギー及び栄養素の摂取量の基準」を示したものである。社会状況の変化を反映しながら5年ごとに策定されており，1日に「何を」「どれだけ」食べたらよいかを栄養素レベルの視点から科学的根拠に基づき基準が改定されている。各指標は，エネルギーは推定エネルギー必要量（参考値），各栄養素は目的に応じて推定平均必要量（EAR），推奨量（RDA），目安量（AI），耐容上限量（UL），目標量（DG）が用いられる（表1-4）。習慣的な過不足により健康障害が生じる確率論的な考え方により数値が定められている。

4）日本食品標準成分表

日本食品標準成分表（以下，「食品成分表」という）は，1950（昭和25）年に戦後の国民栄養改善の見地から，食品に含まれる栄養成分の基礎的データ集として公表され，2000（平成12）年からは5年ごとに改訂されている。2015年版以降は，追補版が各年に公表されている。他に，アミノ酸成分表編，脂肪酸成分表編，炭水化物成分表編が別冊となっている。

食品成分表は，植物性食品，動物性食品，加工食品の順に18分類で収載されている。成分項目は2020年版の改訂から廃棄率，エネルギー，水分，「たんぱく質」「脂質」「炭水化物」に属する成分項目群，有機酸，灰分，無機質，ビタミン，アルコール，食塩相当量，備考の順で記載されている。エネルギー値はFAO/INFOODSが推奨する算出方法に変更され，従来のAtwater係数等を乗じて算出した値とは異なるため留意する必要がある。なお，各成分値は可食部100g当たりの数値で示されている。

5）食品群の分類

食品群とは，身体に対する食品の働きや食品中に含まれる栄養素が似ているものをグループに分類したものである。食品群の分類はいくつかあり，例えば食品の組合せに関する学習教材として使用されている「3色食品群」や「6つの基礎食品群」などがある（表1－5）。

表1－4　栄養素指標の目的と種類

目　　的	種　　類
摂取不足の回避	推定平均必要量（EAR），推奨量（RDA） ※これらを推定できない場合の代替指標：目安量（AI）
過剰摂取による健康障害の回避	耐容上限量（UL）
生活習慣病の予防	目標量（DG）

推定平均必要量（EAR：estimated average requirement）は，半数の人が必要量を満たす量
推奨量（RDA：recommended dietary allowance）は，ほとんどの人が充足している量
目安量（AI：adequate intake）は，一定の栄養状態を維持するのに十分な量
耐容上限量（UL：tolerable upper intake level）は，過剰摂取による健康障害を回避する量
目標量（DG：tentative dietary goal for preventing life-style related diseases）は，生活習慣病の予防のために現在の日本人が当面の目標とすべき摂取量
出典）厚生労働省：「日本人の食事摂取基準（2020年版）」策定検討会報告書，2019より

表1－5　食品群の分類例

3色食品群		6つの基礎食品群	
赤	血や肉など体をつくる源になる食品	1群 2群	魚，肉，卵，大豆製品 牛乳・乳製品，骨ごと食べられる魚，海藻
緑	体の調子を整える働きのある食品	3群 4群	緑黄色野菜 その他の野菜，果物
黄	力や体温となるエネルギーの源になる食品	5群 6群	米，パン，めん類，いも 油脂類

　3色食品群は，身体に対する食品の働きから3つのグループに色で分類し，毎日の食事において赤，緑，黄のグループの食品をバランスよく組み合わせることで栄養教育や食育の推進を目的としている。**6つの基礎食品群**は，3色食品群をさらに栄養素が類似した食品ごとに6つのグループに分類し，毎日の食事に必ず6群を組み合わせることで日常の食生活改善・向上を図ることを目的としている（表1−5）。

6）食品構成

　食品構成とは，一人1日または1食当たり，どのような食品（群）をどれだけ給与すればよいかという目安量であり，食品群別に一覧にしたものが食品構成表である。食品構成は食事対象者の食事摂取基準を満たし，嗜好性や季節，地域性なども考慮することが望ましい。集団給食などでは過去の使用実績から荷重平均栄養成分表を作成し，これを基に食品構成表が作成される。季節ごとに用いる食品の種類や量が異なることから，季節ごとに作成することもある。

4.2　献立の基本構成

（1）基本献立と栄養

　献立とは，食事の内容と構成する料理の種類やその組み合わせを示したものをいう。通常，食事摂取基準などから食事対象者の給与栄養目標量を満たすエネルギー量と栄養素量を決め，食材を選び，調理法を考え，**一汁三菜**などの料理に整えて献立を作成する。献立には，さまざまな組み立てがあるが，主食に副食の主菜1品，副菜2品と汁物の組み合わせを一汁三菜（汁物1品とおかず3品）といい，これを**基本献立**とするとよい。一汁三菜に整えることは，身体に対する働きや栄養素の異なる食品が自然と組み合わさり，3食で1日に必要なエネルギー量や栄養素量が整うことにつながる。1日の献立を作成する場合は，食品構成表を基準に食材の重複を避けて計画する。1食の献立作成であっても食品構成のバランスは1日の1/3を目安に考えるとよいが，食品群の特性や料理の内容などの食事の実状によって変わる。また，1日の栄養素などの目標量（目標値）の3食配分率は，一般に朝食：昼食：夕食が1：1.5：1.5や2：3：3がよく使われるが絶対的ではなく，状況に合わせて適切な配分を設定する。

（2）献立の要素

　献立の形が整うように食品群別の量を考慮し，エネルギー量や栄養素量を適正な値に整えたとしても，よい献立になるとは限らない。よい献立とは，食事対象者の給与栄養目標量を満たすこと（健康的要素）は基本であるが，食事対象者の嗜好を尊重し，色彩や味，温度，調理形態などの変化に富み，食欲をそそる食事であること（嗜好的要素）や季節感や地域性，行事などを考慮すること（文化的要素），材料費や作業効率などに無理がないこと（経済的，調理機能的要素），食品衛生・食品安全，環境への配慮がされていること（環境的要素）など，食事によって肉体と精神の健康を維持するための総合的な配慮が求められる。

4.3　献立作成の基礎

（1）食事の構成要素

　食事構成からみた料理，食品群，栄養素の組合せ例を表1−6に示す。

1）主　　食

　主食は，食事全体を決める中心の料理（飯, パン, めん類など）である。炭水化物を多く含み，主にエネルギーの供給源となる。食物繊維の摂取源としても期待され，精白米に対して押し麦を1割程度，または玄米を4割程度混ぜることで，1食に期待する食物繊維量の1.2g程度を摂取することができる。一般的には1食の目安として精製度の低い穀類を精白米に2割程度加えて使用することが推奨され，精白米から玄米に主食をすべて変更する場合は，食品構成の観点から1日1食程度が推奨される[1]。

2）副食（主菜・副菜・副々菜）

　主食に対して，おかず（御数, 御菜）は副食といい，副食は主菜，副菜，副々菜など数を取りそろえた料理から構成される。配膳では器の大きい順に主菜（大皿），副菜（中皿），副々菜（小皿）を盛り付ける。これを三菜といい，それぞれには役割がある。

表1−6　食事構成からみた組合せ例

食事構成 （基本や基準値）	栄養素摂取型 （食事摂取基準）	食材料選択型 （食品群, 食品構成）	料理選択型 （料理群, 料理構成）
対象となる主な 行動・営み	栄養生理	材料入手・購入・調理	食事作り・食べる
行動目標	1日に必要な栄養素の バランスをとりましょう	1日の食事に3つまたは6つの食品群を組み合わせましょう	1食に主食・主菜・副菜を組み合わせましょう

【組合わせ例】

エネルギー 炭水化物 ──── 黄 脂質	第5群　穀類, いも類*, 砂糖 第6群　油脂	主食　食事全体を決める中心の料理（飯, パン, めんなど）で, 炭水化物を多く含み, 主にエネルギーの源になる。
赤	第1群　魚, 肉, 卵, 大豆製品 第2群　牛乳・乳製品, 骨ごと食べられる魚, 海藻	主菜　おかずの中心となる料理で, たんぱく質や脂質を多く含み, 主に体の組織をつくる源になる。
たんぱく質 ────		
ナトリウム, カリウム, カルシウム, マグネシウム, リン, 鉄, 亜鉛, 銅, ヨウ素, ビタミンA・D・E・K, ビタミンB₁・B₂, 葉酸, ビタミンCなど　　緑	第3群　緑黄色野菜 第4群　その他の野菜, 果物	副菜　食事全体の味や彩りを豊かにする料理（野菜, いも*, 海藻料理など）で, ビタミンやミネラル, 食物繊維を多く含み, 主に体の調子を整える源になる。 汁など　汁物, 飲み物, 果物など, 1日のバランスを考えてとる。食事全体にゆとりや潤いを与える。

*いも類は，エネルギーの源となる炭水化物を多く含むと同時に，身体の調子を整える働きのあるビタミン, ミネラル, 食物繊維も多く含むため, 食事バランスガイドでは, 副菜に分類される。
出典）厚生労働省：楽しく食べる子どもに〜食からはじまる健やかガイド〜, p.54をもとに一部加筆修正

　主菜は，おかずの中心となる料理で，主にたんぱく質と脂質の摂取源となる。1食において主菜の主材料となる食品は，基本的には魚か肉，卵，大豆・大豆製品のいずれか1つである。そのため，食事ごとに意識して異なる主材料の料理を選び，特定の材料に偏らないように適切な量と質に留意する必要がある。

　副菜や副々菜は，食事全体の味や彩りを豊かにし，主にビタミンやミネラル，食物繊維の摂取源となる。1品で緑黄色野菜とその他の野菜（いも類，きのこ類，豆類〔大豆・大豆製品は除く〕，海藻類も含む）を2種類以上使用し，五味（5つの基本味，p.22参照）・五法（煮る，焼く，炒める，揚げる，蒸す）の重複を避けて適切な量を心がける。器に適した量で品数をそろえるとバランスが整う。

3）汁　　物

　汁物（みそ汁，すまし汁，スープなど）は，主食に合う内容を選ぶ。汁の量は1食に150〜180mL程度，汁の実は30g前後が目安である。汁物の適切な食塩（相当）の濃度（調味パーセント）は，汁の量に対して0.8%程度であり，1日の食塩摂取の目標量からすると1日1食程度が目安とされる。塩味はおいしさの決め手でもあるため，減塩にすることで食事の嗜好性が下がるといわれるが，複数の食品素材からだし汁を抽出したり，汁の実を多種類使用したり，減塩調味料を使用したり，うま味と香りを上手に活用すると嗜好性を維持することができる。

4）そ　の　他

　一汁三菜の献立は，基本的なエネルギー・栄養素のバランスが取れたものとなるが，これに日本人に不足しがちな栄養素を補うためや食事全体にゆとりや潤いを与えるために，果物や牛乳・乳製品などを用いたデザート類や飲み物を適度に選ぶようにする。ただし，果物や牛乳・乳製品は単独で摂取することが多い食品でもあるため，1日の食事全体のバランスを考えて献立に加えることが望ましい。

（2）調理法と調味の知識

　毎日の食事では，献立に変化を持たせる工夫が必要である。例えば，調理の五味・五法は，1食の献立の中で五法の中から素材を生かせる調理法を選び，味の重複を避けてバランスよく調味を行うことである。また，同じ種類の食材でも，切り方や調理法，調味を変えることで献立が豊かになる。さらに季節や旬の食品などを取り入れたり，年中行事や郷土料理を加えたりすると食事の楽しさや満足度が高まる。

　調味は，料理のでき上がり重量（または食材の重量）に対する調味濃度（調味パーセント）が一つの決め手となる。例えば，副食の食塩（相当）量（%）は，1品につき1g未満（1%前後/1品）とし，1食の献立でバランスを整えることを心がける。調味濃度や配合割合を標準化することにより調味操作の効率が高まり，味の再現性もよくなる（表1-7）。

表1－7　主な料理の調味料の配合割合　　（食材の重量に対する％）

料理の種類		塩	しょうゆ	みそ	砂糖	みりん	酒	酢	油	だし汁	備考
汁物	みそ汁			8						100	・だし汁の重量に対する割合
煮物	魚類		12		3		5			20	
	葉菜類	1	3		3					10	・食塩相当量として1.5％を上限に塩としょうゆの割合を調整するとよい ・しょうゆは酸性調味料のため，食材の色の変化に注意が必要である
	いも類	1	3		0.5					50	
	根菜類	1	3		10					50	
	肉類	1	3		5		5			30	
	豆類（乾物）	0.8	4		30					200	・戻した乾物の重量に対する割合
焼き物	塩焼き	1.5									
	照り焼き		8		3	8	5				・付け焼きは酒の割合を増やすとよい（8％）
	みそ焼き			10	2	3				5	
和え物	二杯酢	1.5						10			・塩の代わりにしょうゆにしてもよい ・酢と同量のだし汁で味の濃度を調整してもよい
	三杯酢	1.5			5			10			
	甘酢	1.5			10			10			
	酢じょうゆ		8		5			10			・酢の代わりに柑橘果汁にしてもよい
ドレッシング		1.5						10	30		・酢は油の1/3程度，こしょうは全体の0.2％程度

しょうゆの塩分濃度16％，みその塩分濃度10％として算出

（3）献立作成の手順

　献立作成は以下の手順で行う。

手順1．食事摂取基準等から食事対象者の給与栄養目標量を満たすエネルギー量と栄養素量を決める。

手順2．献立の大枠（配膳形式，器サイズなど）をデザインし，料理は，料理形式を決めて主食，副食（主菜，副菜，副々菜），汁物の順に決める。

手順3．食品構成表などを基に料理の分量を決める。

手順4．食事対象者に見合うエネルギー量・栄養素量と食品構成の質と量の点検を行い，必要に応じて果物やデザートなどを決める。

手順5．最終的に献立の要素に配慮しながら献立全体の見直しを行って決定する。

（4）献立作成の留意点

　献立作成では，食事の種類，食事対象者が必要とするエネルギー量・栄養素量，嗜好，予算，調理従事者の技術，調理機器・設備を考慮する。バリエーションをつけ，献立全体で調和の取れたおいしい献立を心がけるようにする。

　献立作成で苦労することは，料理が思い浮かばなかったり，1人前の分量がわからなかったり，副食の組合せが整わないことなどが挙げられる。献立について，配膳形式や器のサイズをもとにデザインすることは，副食の役割，分量の目安に役立つ。また，多種類の食材を使うと彩りがよくなる一方，下処理に時間がかかり，人件費や食

材費などが増える一因となり得る。調味は単調にならないように，うま味（だし）やスパイス（香辛料）の使い方を工夫するとよい。

4.4　献立の評価

作成した献立内容については，献立の構成要素を考慮して評価を行う（表1 − 8）。

表1 − 8　1食の献立評価例

チェック項目			
給与栄養目標量	エネルギー量は基準の範囲内か	色彩（五色）	1食分のトレーの色彩バランスはどうか
	たんぱく質エネルギー比率は基準の範囲内か	味の重複（五味）	味付けが重なっていないか
	脂質エネルギー比率は基準の範囲内か	調理方法の重複（五法）	調理法が重なっていないか
	炭水化物エネルギー比率は基準の範囲内か	季節感	季節の食材，料理を使用しているか
	食塩（相当量）は基準未満か	食器とのバランス	食器と料理とのバランスは適切か
	食物繊維は充足しているか	調理効率	調理時間，調理能力に問題はないか
食品構成	穀類エネルギー比率は基準の範囲内か	経済性	適正な費用におさまりそうか
	動物性たんぱく質比率は基準の範囲内か	環境的配慮	衛生管理，廃棄物の減量，省エネルギーなど配慮できているか
	食品構成に過不足はないか	総合評価	1食の献立のかたちは整っているか

文　献

●引用文献

1）厚生労働省：日本人の長寿を支える「健康な食事」のあり方に関する検討会報告，pp.80〜85，2014

●参考文献

・厚生労働省：楽しく食べる子どもに〜食からはじまる健やかガイド〜，2004
・伊藤貞嘉，佐々木敏監修：日本人の食事摂取基準（2020年版），第一出版，2020
・川端晶子，畑明美：Nブックス調理学，建帛社，2008
・川端晶子，大羽和子，森髙初惠：時代とともに歩む新しい調理学，学建書院，2009
・鵜沢和宏：人類の進化と火，（朝倉敏夫編：火と食），ドメス出版，2012，pp.44〜66
・熊倉功夫，江原絢子：和食文化ブックレット1和食とは何か，思文閣出版，2015
・中村羊一郎：和食文化ブックレット2年中行事としきたり，思文閣出版，2016
・江原絢子，石川尚子編：日本の食文化「和食」の継承と食育，アイ・ケイコーポレーション，2016
・熊倉功夫監修，江原絢子編集：和食と食育，アイ・ケイコーポレーション，2014
・中田哲也：フード・マイレージ〔新版〕あなたの食が地球を変える，日本評論社，2018
・柳沢幸江，柴田圭子編：調理学，アイ・ケイコーポレーション，2016
・日本栄養士会編：2019年度版調理師読本，第一出版，2019
・松田友義編：食品の安全と安心講座1―考える材料と見る視点―，幸書房，2015
・永山敏廣：食品中の残留農薬―農薬は調理加工により減少するか―，日本調理科学会誌，42，135〜140，2009
・日本栄養士会監修：「食事バランスガイド」を活用した栄養教育・食育実践マニュアル　第3版，第一出版，pp.45〜49，2018
・早渕仁美，徳田洋子，松永泰子，黒谷佳代，武見ゆかり：「日本人の食事摂取基準（2015年版）」に基づく食事バランスガイド料理区分別サービング数の見直しと検証，栄養学雑誌，Vol.74，No.5，128〜140，2016
・香川芳子監修：バランスのよい食事ガイド　なにをどれだけ食べたらいいの〔第2版〕，女子栄養大学出版部，2005
・坂本裕子，森美奈子編：栄養士・管理栄養士をめざす人の調理・献立作成の基礎，化学同人，2017
・赤羽正之他：給食施設のための献立作成マニュアル〔第9版〕，医歯薬出版，2018

第 2 章

おいしさの科学とその評価

人は生命を維持し，活動するために食べ物を摂取するが，食べ物も生命あるもの，あるいは生命あるものから生み出されるものである。食べ物を食べるとき，人は快・不快の感覚や感情，すなわちおいしさを感じることができる。おいしさは人が食べ物として何を選択し，どのような方法で食べるかに深くかかわっている。本章では，「好き・嫌い」と「おいしさ・まずさ」の関係，おいしさを感じるしくみを学んだうえで，食べ物のおいしさが形成される要素を食べ物の状態（客体）と食べる側の状態（主体）から考察し，食べ物のおいしさをどのようにととのえたらよいのかを追究する。

1. おいしさの科学

1.1　おいしさとは

「おいしさ（palatability）」とは，日本産業規格（JIS〔Z-8144〕）では「食品を摂取したとき，快い感覚を引き起こす性質」と定義されている。調理は，おいしさを生み出すことが重要な役割の一つであるが，おいしさは常に変動するため，「おいしさとは何か」を問いながら調理を行うことが大切である。

（1）おいしさとは何か

「おいしさとは何か」を定義することは，突き詰めると主観の問題になるため困難といえる。おいしさを構成する要素は，人の五感で知覚できる食べ物の状態と食べる側の状態からなる。これらが複合的に関与して，人の感性によっておいしさは総合的に判断される（図2－1）。そのため，食事をおいしくいただくことは，単に飢えを満たす生理的行為だけではなく，生きる喜びにつながる精神性の高い行為といえる。

人には生得的に受容されるおいしさと，胎児教育や生後，無意識の経験により受容されるおいしさ，物心がついてから学習によって受容される後天的なおいしさがあり，離乳後の経験や学習によって人は大半の食べ物に対する嗜好を獲得する。特に，3歳頃までの時期に，多様な食物の本質的な味やにおい，口に含んだ舌ざわりや噛みごたえ，温度など，様々な感覚を経験すると同時に，快・不快を伴う嗜好学習を重ねることで食べ物に対する感性が育まれ，豊かな食生活に結びつく食嗜好が形成される。対して，物心がついてから獲得するおいしさは，食生活の乱れや生活習慣病を引き起こす要因にもつながる。

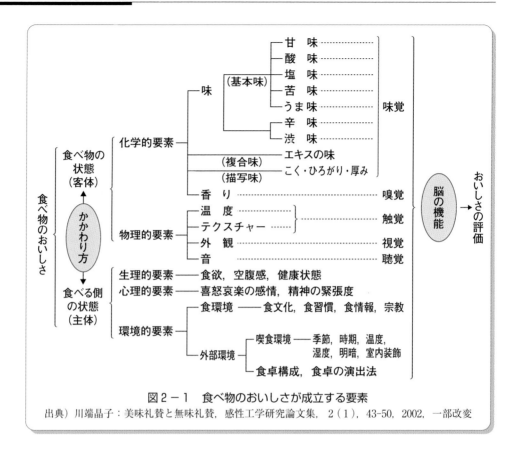

図2-1　食べ物のおいしさが成立する要素

出典）川端晶子：美味礼賛と無味礼賛，感性工学研究論文集，2（1），43-50，2002，一部改変

1.2　おいしさを感じるしくみ

　食べる行為によって視覚，聴覚，嗅覚，味覚，触覚（皮膚感覚）から受容される刺激は，それぞれの受容器に対応する感覚神経によって大脳皮質の感覚野に電気信号として伝達され，その情報を脳で知覚する（図2-2）。さらに，食べる行為に伴って生じるこれらの感覚は，そのときの人の状態や食経験の記憶，食事環境や食習慣など様々な感覚情報と共に脳内で統合されておいしさの総合判断が瞬時になされる。

（1）味を感じるしくみ

　食べ物を咀嚼すると唾液中に化学成分（味物質）が溶け出し，その成分が味蕾の中にある味細胞を刺激することで引き起こされる感覚を味覚という。味蕾は舌の表面にある突起した舌乳頭（有郭乳頭，葉状乳頭，茸状乳頭）に集まっている。舌以外の軟口蓋や喉頭部などにも味蕾は数千個存在し，のどごしなどの味覚の感知に関与している。図2-3に味蕾の存在部位と模式図を示す。

　味には5つの基本味（甘味，酸味，塩味，苦味，うま味）があり，これらの味を呈する物質（味物質）を味細胞がそれぞれ受容している。味細胞は生体膜に覆われており，1つの基本味を特化して受容し，それぞれにつながった味神経が大脳皮質の味覚野に

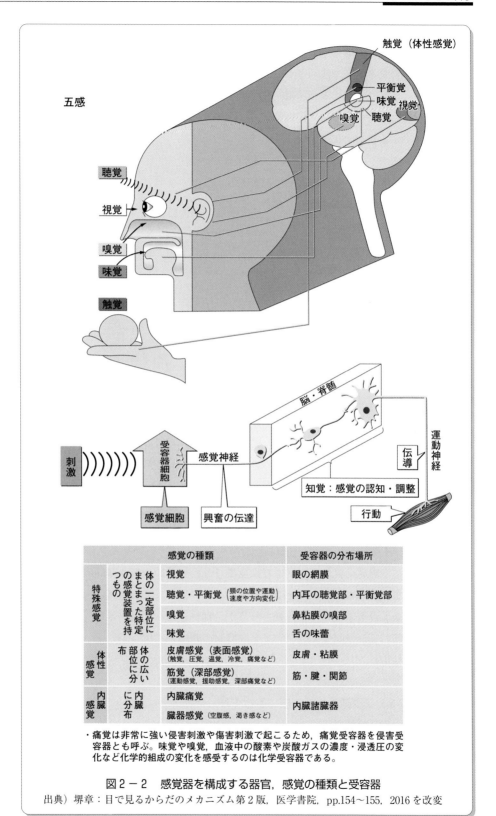

・痛覚は非常に強い侵害刺激や傷害刺激で起こるため，痛覚受容器を侵害受
容器とも呼ぶ。味覚や嗅覚，血液中の酸素や炭酸ガスの濃度・浸透圧の変
化など化学的組成の変化を感受するのは化学受容器である。

図2−2　感覚器を構成する器官，感覚の種類と受容器
出典）堺章：目で見るからだのメカニズム第2版，医学書院，pp.154〜155，2016 を改変

情報を伝達する。様々な食品の味は，前頭連合野で複数の感覚が融合することで識別される。他に，辛味や渋味などの味は，化学的・物理的刺激として神経終末に発現する受容体に作用し，体性感覚（皮膚感覚）と同様に感覚神経（神経終末）を介して大脳に伝達されるため，基本味以外の味として区別される。

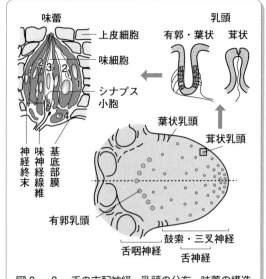

図2-3　舌の支配神経，乳頭の分布，味蕾の構造
味蕾の1～3はそれぞれI型，II型，III型を示し，4は基底細胞を示す。I型は塩味，II型は甘味，苦味，うま味，III型は酸味の受容に関連する。
出典）森憲作：「味覚と嗅覚」，標準生理学〔第9版〕（本間研一監修），p.317，医学書院，2019

（2）においを感じるしくみ

　食品のにおいを嗅ぐことや，咀嚼し嚥下することによって嗅上皮の嗅粘膜に揮発性の化学物質（におい分子）が溶け込み，嗅細胞を刺激することで引き起こされる感覚を嗅覚という。嗅覚には呼吸に伴って鼻腔に入ったにおい分子が直接嗅細胞を刺激する前鼻腔性嗅覚と，口腔に入った食べ物のにおい分子が，嚥下作用と共に口腔から鼻咽頭を通って嗅細胞を刺激する後鼻腔性嗅覚の2通りある。前者によって引き起こされる感覚を香り（アロマ），後者の味と一体となって感じられる感覚を風味（フレーバー）と区別している。風味は口腔粘膜の触覚，痛覚，温度感覚情報と一緒に味覚と嗅覚が統合された複合感覚とされることもある。

　嗅細胞は嗅神経（感覚神経）が変化してできた細胞であるため（図2-4），細胞にある嗅覚受容体で電気信号に変換されたにおいの情報は，細胞の軸索が物理的につながる嗅球に伝わる。そこから，別の神経によって脳領域に伝えられる。においは，大脳皮質前頭嗅覚野で認識されるが，扁桃体にも直接信号が伝達されて，食物に対する強い感情や記憶を呼び覚まし，食物の報酬系（快，摂取）と嫌悪系（不快，忌避）に関与する。

（3）テクスチャーを感じるしくみ

　食品のテクスチャーは，一般に食感と同義とされる。食品のテクスチャーは，食品の表面に関する触覚，視覚，聴覚によって判断できる食品の構造などを意味することもあるが，一般的には，食品を口に含み，咀嚼し，飲み込むまでの間に感じられる物理的な性質の感覚特性（人の感覚で捉えられる特性）である。

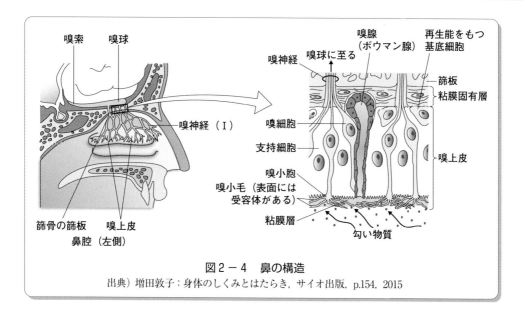

図2－4　鼻の構造
出典）増田敦子：身体のしくみとはたらき，サイオ出版，p.154，2015

　口内で知覚できる食品の物理的特性は，唇や舌，口腔粘膜や歯根膜などに点在した触覚，圧覚，温・冷覚，痛覚などの皮膚感覚がテクスチャーを受容し，各刺激を感覚神経が大脳皮質の体性感覚野に伝達し，食品の性状，かたさなどの判断が瞬時になされ，適切な力と速度で咀嚼が行われる。また，大脳には至らず反射路を通って筋肉に伝達された運動神経による反応は，不快や危険を伴う刺激に対する防御反射といえる。

1.3　おいしさが成立する要素
（1）化学的要素
1）味
①　5つの基本味
　味の種類については，甘味・酸味・塩味・苦味にうま味を加えて**5つの基本味**からなると考えられている。図2－5に示したように，どの味を混合しても作ることのできない独立した味である。
　それぞれの味の種類は，味の生理的なシグナルとしての意義があると考えられている。甘味は糖のシグナル，うま味はたんぱく質のシグナル，塩味はミネラルのシグナル，酸味は腐敗物および有機酸のシグナル，苦味は有害物のシグナルである。
閾　値
　閾値には検知閾（水溶液にしたときに水との差が識別できる最小濃度）と認知閾（甘い・塩からいなど，質まで認知できる最小濃度）がある。閾値は測定条件により変動する。表2－1に，5つの基本味の代表的な味物質の認知閾の測定例を示した。

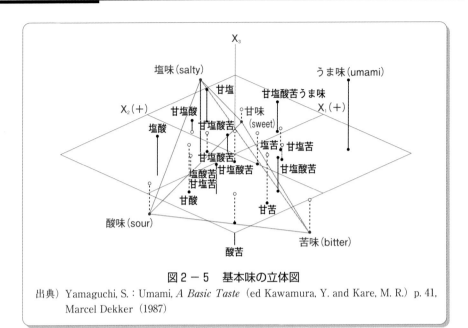

図2－5　基本味の立体図

出典）Yamaguchi, S.：Umami, *A Basic Taste*（ed Kawamura, Y. and Kare, M. R.）p. 41, Marcel Dekker（1987）

表2－1　5つの基本味の閾値

味の種類	呈味成分	濃度（%）
甘　味	シ　ョ　糖	0.1～0.4
	ブ　ド　ウ糖	0.8
酸　味	酢　　　　酸	0.0012
	ク　エ　ン　酸	0.0019
塩　味	塩化ナトリウム（食塩）	0.25
苦　味	カ　フ　ェ　イ　ン	0.03
	硫　酸　キ　ニ　ー　ネ	0.00005～0.0003
うま味	L-グルタミン酸ナトリウム	0.03
	5′-イノシン酸ナトリウム	0.025

出典）小俣　靖："美味しさ"と味覚の科学, p.124, 日本工業新聞社, 1986

②　5つの基本味の代表的な味物質

甘　味

　代表的な甘味物質には，ブドウ糖（グルコース）・果糖（フルクトース）・ショ糖（スクロース）・麦芽糖（マルトース）などの糖類がある（表2－2）。糖質甘味料のショ糖誘導体には，カップリングシュガー・フラクトオリゴ糖など，糖アルコールには，マルチトール・ソルビトールなどがある。非糖質甘味料には，配糖体であるステビオサイド・グリチルリチンなどがある。アミノ酸系である**アスパルテーム**はアスパラギン酸とフェニルアラニンのジペプチドがメチルエステル化されたもので，ショ糖に似た味質を示す。化学合成品には，サッカリンなどがある。

表2－2　おもな甘味物質の種類と特徴

分　類		甘味物質	甘味度*	甘味の特徴
糖質甘味料	糖類　単糖類	ブドウ糖（グルコース）	0.6〜0.7	さわやかな清涼感のある甘味
		果糖（フルクトース）	1.2〜1.7	甘味のあと切れがよく，清涼感のある甘味
	二糖類	ショ糖（スクロース）	1.0	優れた甘味
		麦芽糖（マルトース）	0.3	こくのある甘味
	ショ糖誘導体	カップリングシュガー	0.5〜0.6	あっさりした甘味
		フラクトオリゴ糖	0.6	ショ糖にきわめて近い甘味
	糖アルコール	還元麦芽糖（マルチトール）	0.8	まろやかな甘味
		還元ブドウ糖（ソルビトール）	0.5〜0.8	さわやかな甘味
非糖質甘味料	配糖体	ステビオサイド	120〜150	特有のあと味や苦味が残る
		グリチルリチン	170〜250	特有のあと味が残る
	アミノ酸系	アスパルテーム	180〜200	ショ糖に似た自然な甘味であっさりしたあと味
	化学合成品	サッカリン	200〜500	低濃度では甘いが，高濃度では苦い

＊甘味度はショ糖を1としたとき。
出典）川端晶子ほか：新栄養士課程講座―調理学，建帛社，1998

　ショ糖にはα型とβ型の区別はないが，ブドウ糖や果糖などは水溶液中でα型とβ型が存在する。溶解してからの時間や温度によってその比率が変化するので，溶液の甘味の強さも変化する。例えば，ブドウ糖はα型の方がβ型の1.5倍甘い。結晶ではα型のものを水に溶かすと，次第にβ型に変わり，一定のところで平衡状態に達する。また，果糖はβ型の方がα型よりも3倍甘く，結晶ではβ型のものを水に溶かすと，一部α型に変わる。さらに，高温でα型が増えるので，低温の方が甘味が強い。図2－6に糖類の温度による甘味度の変化を示した。

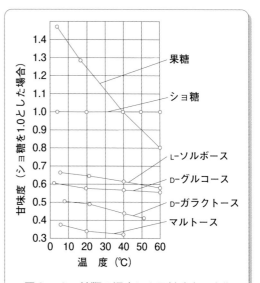

図2－6　糖類の温度による甘味度の変化
出典）島田淳子，下村道子編：調理科学講座1　調理とおいしさの科学，p.102，朝倉書店，1993

酸　味

酸味を呈する物質は，解離して水素イオンを生じるが，酸味の強さは必ずしも水素イオン濃度に依存しない。代表的な物質には，酢酸（米酢，穀物酢など，刺激的な臭気のある酸味），クエン酸（梅，みかんなど，穏やかで爽快な酸味），リンゴ酸（りんご，びわなど，爽快な酸味，かすかに苦味），酒石酸（ぶどう，果実など，やや渋味のある酸味），乳酸（ヨーグルト，漬物など，渋味のある温和な酸味）などの有機酸がある。

塩　味

塩味を持つ代表的な物質は食塩（塩化ナトリウム：NaCl）で，塩味の発現にはナトリウムイオンと塩素イオンの両方が必要である。高純度の塩化ナトリウムが最も好ましい塩味を呈するわけではなく，微量の不純物を含んだ食塩のほうが，味がマイルドで深みがある。

苦　味

苦味は単独で快感を与える味ではない。少量の苦味が食品の特性になっているものに，カテキン（緑茶）・カフェイン（コーヒー）・ホップ（ビール）・テオブロミン（チョコレート，ココア）・ナリンジン（なつみかん，グレープフルーツ）などがある。

うま味

うま味物質は，**アミノ酸系うま味物質**と**核酸系うま味物質**に大別される。前者にはL-グルタミン酸ナトリウム（MSG），後者には5′-イノシン酸ナトリウム（IMP）および5′-グアニル酸ナトリウム（GMP）がある。これらは酸のままでもうま味を持つが，強い酸味を伴うため，中和してナトリウム塩としたものがうま味調味料として用いられる。グルタミン酸は昆布のうま味成分として知られ，特に野菜などの植物性食品に多く含まれる。イノシン酸はかつお節のうま味成分で，鶏肉や魚などの動物性食品に広く分布している。グアニル酸は乾しいたけの水戻し過程で生成し，戻し汁に溶出される（第4章，p.96参照）。

アミノ酸系と核酸系のうま味物質が共存すると，うま味は著しく強められるが，これを**うま味の相乗効果**という。だしを取るときに，昆布とかつお節，あるいは乾しいたけの戻し汁を併用するのは，この効果を利用するためである。

③　その他の味

辛　味

とうがらし，こしょうなどの辛味は，香辛料としての利用度が高いので，食べ物の風味にアクセントを加え，食欲を増進させる。

渋　味

渋味は味覚と粘膜収れん感の複合感覚であると考えられている。茶のカテキン類や，コーヒーのクロロゲン酸などのタンニン系物質の渋味は，おいしさに大きな役割を持っている。しかし，渋がきのシブオールは不快な味である。

えぐ味

えぐ味は，たけのこやぜんまいなどに感じられるあく汁のような収れん性のある味

表2−3　味の相互作用

分　類	味の組合せ	効　果	例
相乗効果	うま味（MSG＋IMP）* 甘味（ショ糖＋サッカリン）	うま味が強くなる 甘味が強くなる	昆布とかつお節の混合だし 砂糖に少量のサッカリンを加える
対比効果	甘味（主）　＋塩味 うま味（主）＋塩味	甘味を強める うま味を強める	しるこに少量の食塩を加える だし汁に少量の食塩を加える
抑制効果	苦味（主）＋甘味 酸味（主）＋$\left\{\begin{array}{l}塩味 \\ 甘味\end{array}\right.$	苦味を弱める 酸味を弱める	コーヒーに砂糖を加える 酢の物に食塩，砂糖を加える
変調効果	先に味わった呈味物質の影響で，後に味わう食べものの味が異なって感じられる現象		濃厚な食塩水を味わった直後の水は甘く感じる
順応効果	ある強さの呈味物質を長時間味わっていると，閾値が上昇する現象		甘いケーキを続けて食べると，甘味の感度が鈍る

*MSG：L−グルタミン酸ナトリウム，IMP：5′−イノシン酸ナトリウム

出典）渋川祥子，畑井朝子編著：ネオエスカ調理学，p.32，同文書院，2004

で，成分としてはシュウ酸やそのカルシウム塩・ホモゲンチジン酸などがある。

④　味の基本的な性質

舌面上での味の感受性や，味の発現速度・持続性・後味は，物質により異なる。酸味は持続性が小さく，口中をさっぱりさせる効果を持つ。うま味は後味が持続するので，食材由来の適度なうま味は，余韻として楽しむことができる。しかし，うま味調味料を多量に添加すると，嫌悪感を誘うことにもなるので注意する。

味物質の濃度が同じでも，一般にゲル中では水溶液に比べて味は弱く感じられる。また，同種のゲルではかたい方が味は弱く感じられる。

⑤　味の相互作用

食べ物は単一の味ではなく，様々な味が複合された状態で味わうことが多い。数種の呈味物質が共存したり，他の条件が加わると呈味性に変化が起こる（表2−3）。

2）香　　　り

食べ物はそれぞれに固有の香りを持ち，食べ物の記憶や認知に重要な役割を持っている。食べ物を特徴づけているのは味よりもむしろ香りである。香りは，空気中をただよう「においを持つ物質」が，嗅覚を刺激することで生じる。

におい物質（香気成分）は，分子量300以下の揮発性有機化合物である。親油性か親水性かは，その物質の構造，すなわち官能基の種類や不飽和結合の数などで決まる。それぞれの食品に含まれている香気成分の数は確認されているだけでも数百にも及ぶ。イソアミルアセテート（バナナ），レンチオニン（乾しいたけ）などのように単一の化合物でその食品を特徴づけるものもあるが，一般に，食品の香りは，複数の微量な香気成分の集合体である。りんごは約350種，コーヒーは約800種の香気成分から構成されている。また，紅茶とレモン，コーヒーと牛乳のように異なる食品にも，共通の香気成分が含まれている。共通の香気成分が含まれていても，組合わせや比率が変わると，異なる香りの特徴を示す。食品の香りの生成過程は，大別して酵素反応による場合と非酵素的に生成する場合がある（表2−4）。

表2-4 食品香気の主な生成要因

		要 因	例
酵素反応による生成	生 合 成	動植物の代謝によって生成されたものが2次的な変化を受けず残っている	果物, 新鮮野菜, 生肉
	自己消化的分解	動植物の死後, 自己の酵素によってたんぱく質, 核酸, 配糖体などが分解して低分子成分が生成する	肉の熟成, バニラビーンズ
	微 生 物	発酵や醸造中に微生物によりたんぱく質や脂質が分解する	みそ, しょうゆ, チーズ
非酵素的生成	加 熱	調理や加工の過程で加熱する間に2次的に新しい成分が生成される	コーヒー, 調理食品
	酸 化	空気中の酸素により酸化的分解が起こる。脂質の自動酸化などが代表的	バターのオフフレーバー

出典) 久保田紀久江：食品化学（中谷延二編）, p.52, 朝倉書店, 1987

　非加熱調理では, 水に浸す, 切る, 混ぜるなどによって細胞が破壊されて香気成分が揮発する場合と, 食品中の無臭の前駆物質から酵素作用で香気成分を生成する場合がある。わさびをすりおろすと自らの組織から出るミロシナーゼという酵素が働き, 辛味成分である**アリルイソチオシアネート**が揮発する。乾しいたけを水に浸して戻した場合も酵素作用で特有の香りを持つ**レンチオニン**が生成される。

　加熱調理での香りの生成は, 糖, アミノ酸, たんぱく質, 脂質の加熱分解によるものと, アミノカルボニル反応によるものがある。

　糖を160℃以上に加熱するとカラメル化が起こり, 様々な揮発性成分が生じ, 芳香が漂う。この香気成分には, やや焦げ臭のするフルフラール, 甘味を連想するマルトールやシクロテンが確認されている。

　油を加熱すると複雑な化学反応が起き, 揮発性成分が生成され, 油を使った調理独特の香りが生じる。この香りは構成する脂肪酸によって異なり, 170〜180℃の加熱で好ましい香り, 200℃以上だと不快臭となる。

　多くの食品はアミノ酸と糖類を含むが, これらを150℃以上に加熱するとアミノカルボニル反応を起こし, **メラノイジン**を生じる。この物質は褐色で, 香りはアミノ酸によって異なり, 果物, カラメル, 肉スープなどに似た多様な食欲をそそる香りを呈す。

（2）物理的要素

1）食品の状態

　互いに溶け合うことのない2種類以上の成分が混合した状態を**分散系**という。通常食品は不均質な多成分の分散系であり, 分散状態を理解することにより食品の状態を説明できる。例えば, ある物質Aに, ある物質Bが分散している分散系では, Aを分散媒（または連続相）, Bを分散相（または分散質）といい, 基本的に8種類に分類される（表2-5）。

　分散系は分散相（分散質）の粒子の大きさによって, 粗粒子分散系（約100nm以上）,

表2－5　分散系の基本的な形態分類と実例

		分散相（分散質）		
		気体	液体	固体
分散媒（連続相）	気体		エアロゾル 　スモーク（燻煙） 　スプレーオイル	粉体 　粉ミルク，ココア，穀物の粉
	液体	フォーム（泡沫） 　卵白の泡 　ホイップクリーム 　ビールの泡	エマルション（乳濁液） 　水中油滴型（O/W型）： 　　牛乳，生クリーム，マヨネーズ，卵黄 　油中水滴型（W/O型）： 　　バター，マーガリン	サスペンション（懸濁液） 　味噌汁，ジュース ゾル・ゲル 　寒天溶液，ゼラチン溶液，糊液
	固体	固体泡沫 　多孔質食品 　　軟質：パン，油揚げ 　　硬質：クッキー， 　　　　　せんべい 　キセロゲル：棒寒天， 　　　　　　　凍り豆腐	固体エマルション 　エマルションゲル：豆腐， 　プディング，吸水膨潤 　した多孔質食品や乾物 生体組織：食肉，果肉	固体サスペンション 　冷凍食品，チョコレート

O/W型：oil in water type　　　W/O型：water in oil type
出典）松本幸雄：食品の物性とは何か，pp.82-87, 弘学出版，1996

コロイド分散系（約1nm～約100nm），分子分散系（約1nm以下）に分けられる。例えば，食塩水や砂糖水は，液体の分散媒に分子レベルの物質が均一に混合している状態の場合は分子分散系の溶液であるが，過飽和状態になり結晶が沈殿している場合は粗粒子分散系の懸濁液である。多くの食品はコロイド分散系であるが，必ずしも単一系ではなく，不均質な多成分混合系の状態で分散している。

　例えばホイップクリームやマヨネーズの分散媒は液体であるが，分散質は油滴（液体）やたんぱく質（固体），気泡（気体）の三相からなり，気泡の比率が高いホイップクリームは気体/液体分散系のフォーム（泡沫）に，油滴比率が高いマヨネーズは液体/液体分散系の水中油滴型エマルション（乳濁液）に分類される（第4章，p.127参照）。

　この他，液体中に固体粒子が分散した系をサスペンション（懸濁液）というが，固体粒子が溶解し懸濁質の状態で分散した流動性を持つ溶液を**ゾル**という。代表例は寒天溶液やゼラチン溶液，でんぷん糊液などであるが，卵液や牛乳などエマルションに分類される食品も，たんぱく質が懸濁したゾルといえる。さらに，ゾルが流動性を失った状態，あるいは多量の液体を含んだまま，固体のように一定の形を保持する状態を**ゲル**という。ゲルには熱可逆性ゲル（寒天ゲル，ゼラチンゲルなど）と熱不可逆性ゲル（でんぷんゲル，エマルションゲルなど）がある。

2）食品のレオロジー

　レオロジー（rheology）とは「物質の変形と流動を総合的に取り扱う科学」といわれる[1]。食品のレオロジー的性質には，粘弾性，流動特性，破断特性，テクスチャー特性などがある。レオロジーの骨格は，弾性力学と粘性流体力学であり，力学的性質についての物性論といえる。食品が示す弾性とは，かまぼこややわらかい餅などを指で

軽く押して離すと瞬間に変形が元に戻るように見える現象である。粘性とは，水に対して水飴やホワイトソースのような流体に対する抵抗の大小（粘っこさ）をいう。多くの食品は，弾性と粘性が組み合わされた粘弾性体である。

　流体には，ニュートンの法則（ずり応力とずり速度が比例の関係）に従うものと従わないものがあり，食品の多くは**非ニュートン流動**を示す（図2-7）。**ニュートン流動**の例は，水や油類，糖類などである。非ニュートン流動の例として，**擬塑性流動**はコンデンスミルクや糊液など，**ダイラタント流動**は生でんぷん液などである。**塑性流動**と**ビンガム流動**は，降伏応力を持つ非ニュートン流動である。この他，非ニュートン流動には，納豆の糸やとろろいもの糸引く性質（曳糸性）や時間に関係する粘性（チキソトロピー，レオペクシー），粒子が液体を吸い込みかたくなる現象（ダイラタンシー）を示すものもある（図2-8，図2-9）。

　破断とは，食品にある力を加えて変形させ続けると破壊する現象をいう（図2-10）。**テクスチャー**は，食品を手で触ったとき，口に入れて咀嚼あるいは嚥下したときの感

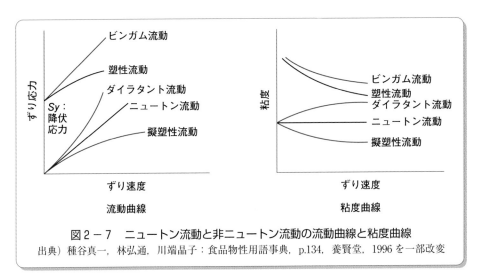

図2-7　ニュートン流動と非ニュートン流動の流動曲線と粘度曲線
出典）種谷真一，林弘通，川端晶子：食品物性用語事典，p.134，養賢堂，1996 を一部改変

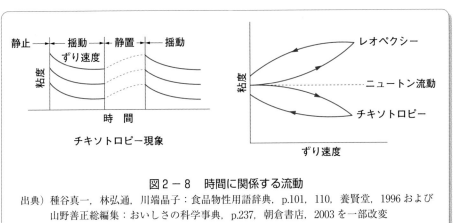

図2-8　時間に関係する流動
出典）種谷真一，林弘通，川端晶子：食品物性用語辞典，p.101，110，養賢堂，1996 および
　　　山野善正総編集：おいしさの科学事典，p.237，朝倉書店，2003 を一部改変

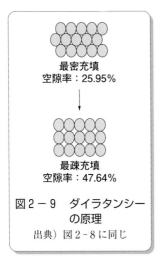

図2-9　ダイラタンシー
の原理

出典）図2-8に同じ

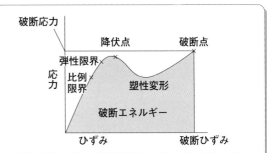

ひずみが僅かの場合（比例限界までは），応力を除くと元の
状態に戻る。比例限界のひずみを超えると元の状態に戻らな
くなる（弾性限界）。降伏点を超えるとひずみを増しても応
力は増さない塑性変形領域となり，破断点に達する。破断点
と降伏点が一致する破断特性もあり，これを脆性破断という。

図2-10　応力とひずみの関係（破断特性）

出典）川端晶子：食品物性学，建帛社，p.94，1989を一部改変

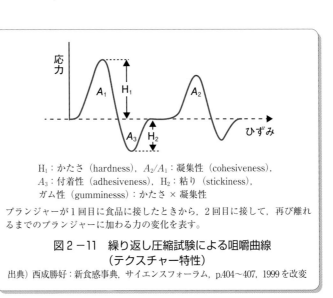

H_1：かたさ（hardness），A_2/A_1：凝集性（cohesiveness），
A_3：付着性（adhesiveness），H_2：粘り（stickiness），
ガム性（gumminesss）：かたさ × 凝集

プランジャーが1回目に食品に接したときから，2回目に接して，再び離れ
るまでのプランジャーに加わる力の変化を表す。

図2-11　繰り返し圧縮試験による咀嚼曲線
（テクスチャー特性）

出典）西成勝好：新食感事典，サイエンスフォーラム，p.404～407，1999を改変

覚である。機器測定により試料を破壊するときに得られる波形（図2-11）から求めら
れる食品のかたさや凝集性，付着性などのことをテクスチャー特性といい，人の感覚
との高い相関を示す。なお，食品のレオロジー的性質（力学的性質）とこれに対応する
人の感覚的評価（官能評価）の相関性を明らかにする学問領域を**サイコレオロジー**
（psycho-rheology：心理レオロジー）という。

3）温　　度

　食べ物には，それぞれおいしいと感じる温度域がある。一般に体温を中心に±25～
30℃の温度が好まれるが，個人差も大きい。表2-6に飲食の適温を示した。
　5つの基本味のうち，酸味の他は温度に左右されやすく，甘味は体温付近で最も強

表2－6　各食物の飲食適温度

種　類	適温（℃）
サ イ ダ ー	5
冷　　　水	10
ビ ー ル	10
温めた牛乳	40
酒 の か ん	50～60
湯 豆 腐	60～65
茶わんむし	
一 般 飲 物	60～55
ス ー プ	
紅　　　茶	
コ ー ヒ ー	
か　　　ゆ	37～42
酢 の 物	20～25
冷 や っ こ	15～17

体温　±25～30℃
出典）山崎清子ほか：NEW調理と
理論，同文書院，p.13，2011

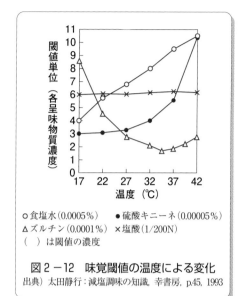

○食塩水（0.0005%）　　●硫酸キニーネ（0.00005%）
△ズルチン（0.0001%）　　×塩酸（1/200N）
（　）は閾値の濃度

図2－12　味覚閾値の温度による変化
出典）太田静行：減塩調味の知識，幸書房，p.45，1993

く感じ（p.27参照），塩味と苦味は温度が低い方が強く感じる。図2－12に味覚の感度と温度（17～42℃）との関係を示した。したがって，温度が下がるとコーヒーは苦く，スープは塩辛く感じる。また，調理中に高い温度のものを味見したときと，温度が下がってから食べるときでは感じ方が違うのもこれらの理由によるものである。

4）外　　　観

　外観（見た目）は第一印象を決定し，食物を認知・鑑別し，食欲を刺激するために重要である。食品の鮮度や熟度，その他の品質や調理された料理の出来栄えなどは，外観によってかなり見分けられる。

　食品には，それぞれいろいろな天然色素が含まれ，特有の色を呈しているが，保存や調理の過程で変色する。一般に，黄や赤は温かさを感じさせる。Birrenは，色彩は食欲に影響し，橙・赤・黄色は食欲を増進させ，黄緑・紫色は食欲を減退させるとしている。図2－13に食欲と色の関係を示した。しかし，すべての食品に当てはまるわけではない。また，図2－14に食品の色と嗜好度を示した。食物の色に対する嗜好は，気候・風土・地域・民族・習慣・個性・教養などによって異なっている。例えば，日本人は自然のままの色を尊重する一方，祝い膳には赤飯を供したり，祝儀には紅白のまんじゅうや餅を供するなど，紅白の取り合わせでお祝いの心を表現している。

　食品素材の形は千差万別であるが，調理操作の中で切る（切砕），形を整える（成形）という操作は大切にされている。食物の形は，料理様式や食べ方とも深い関係にあるが，調理効率を高めたり，見た目に美しく，食べやすくするなどの効果もある。特に日本料理では，包丁さばきを最も重要な調理操作としており，食物の形と深い関係がある。時にはたいの姿焼きのように，固有の形状を強調する加工が加えられることもある。また，自然を尊ぶ日本料理では，花形切り・菊花切り・松葉切り・松笠いかな

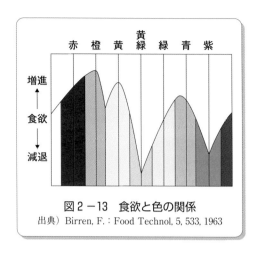

図2-13　食欲と色の関係
出典）Birren, F. : Food Technol, 5, 533, 1963

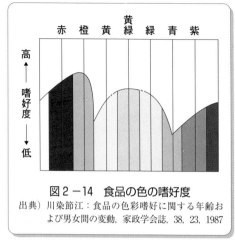

図2-14　食品の色の嗜好度
出典）川染節江：食品の色彩嗜好に関する年齢および男女間の変動，家政学会誌，38, 23, 1987

ど，様々な切り方を取り入れている。

　盛り付け方には各地域の食文化が背景にあり，例えば日本料理の盛り付けの趣向としては，器の中に自然を演出し，**季節感**を大切にする。また，空間を大切にし，大きめの器を選んで余白を残すようにするなどの特徴がある。

5）音

　食べ物の音と食欲は密接な関係にある。材料を刻む音，生野菜を食べる音，せんべいを噛む音，また，特に日本人にとってそばやうどんなどをツルツルと食べる音などは，おいしさを一層強調する。また，鍋物の煮立つ音や，肉が焼ける音も食欲をそそる。また，音楽も嗜好性に影響する。食事や喫茶時における，気分を明るく，楽しく，心を平和に保つ静かなバックグラウンドミュージック（BGM）は，食欲を増進し食べ物の嗜好性を高める。

（3）生理的要素

　食べ物の味は健康状態に影響を受け，食べ物の嗜好も変化する。心身ともに快適な健康状態のときは食べ物をおいしく賞味することができ，また，消化・吸収もよい。

　空腹はある時間，食べ物を摂取しなかった場合に生じる生理的現象である。**食欲**は，さらに食べ物の外観・香り・味などの感覚的要素，心理的要素，環境的要素，学習により形成された好き嫌い，病的要素など，様々な要素に影響を受け，促進または抑制される。脳では，このような様々な情報が処理，統合され，食欲の中枢に伝えられ，摂食行動が調節されている。食欲の中枢は脳内の視床下部に存在し，「摂食中枢（摂食を促進する）」と「満腹中枢（摂食を抑制する）」の2つの中枢から構成されている。

　また，年齢によって基礎代謝や運動量などの身体機能が変化するため，身体の要求に合わせて嗜好も変化する。若い人はエネルギーの高い食べ物を好むのに対し，高齢者はあっさりとしたものを好む傾向にある。高齢者になれば，**感覚機能は一般に低下**するが，味覚は視覚や聴覚に比べれば，衰えにくい。

（4）心理的要素

　食べ物のおいしさは，喜怒哀楽の感情や，精神の緊張度によっても左右され，食べた後の消化・吸収にも影響を与える。ストレスは味覚に影響を与えることも知られている。明るく平和で，心豊かな，受容性の整った心理状態のもとで食べる行為を持ったとき，食物の最高の価値が現れる。

　しかし，得体の知れない，または安全性に不安のある食べ物は，おいしく食べられない。食べ慣れていないものへの警戒心を「新奇恐怖」と言い，食べたことのないものへ冒険心や優越感を抱くことを「新奇愛好」と呼ぶ。後者は新しい食嗜好の開発につながる。また，食に関する健康情報やコマーシャルなどの情報も影響を与える。

（5）環境的要素

1）食　環　境

　環境が変わればそれに対応して生活文化も変わるが，歴史と文化に培われながら，世界の様々な地域に最も適した食べ方が発達し，気候・風土・宗教などによって食物の嗜好性に特徴がみられる。嗜好は伝統を背景に，科学技術の進歩や異文化との交流などにより，新しい食べ物を取り入れていく中で形成され，変化するものである。

　また，人は生まれ育った環境を原点として食嗜好を形成していくので，親の影響は特に大きい。学校・社会環境・習慣・しつけ・教育・マスコミニュケーションなどの情報の影響も大きい。

　他にも，精神的風土や宗教も関係する。食べ物や食べ方には，民族によって何らかの信条・規範・タブーがある。お神酒・塩・餅のように神聖な食べ物の象徴になっているものもあり，儀式・儀礼と関連して民族の食嗜好に関わっている。

2）外部環境

　食べ物のおいしさは，季節・天候・温度・湿度・明暗・室内装飾などの条件の影響を受ける。食事には，人間関係や社会生活を円滑にする目的もあるが，その目的にふさわしい環境の設定が重要である。また，それぞれの食文化圏により食事様式が異なることから，食卓構成にも特徴がある。各様式の食事の雰囲気を盛り上げ，おいしく食べるための食卓の演出法にも工夫が必要である。

2．おいしさの評価

2.1　官能評価

　官能評価（sensory evaluation）は，人の感覚器官を利用した測定，実験，データ解析，結果の解釈までを一連のシステムとして取り扱うおいしさの評価手法である[2]。いかに科学や技術が進歩しても，おいしさの評価の決め手となるのは食べる人の感覚と快情動を含む総合的な人の判断（感性）である。そのため，人の感覚を測定器とする官能評価の手法を理解することは重要である。

（1）官能評価の分類

　官能評価は，目的に合わせて適切な手法の選択を行う必要があり，大別すると分析型と嗜好型の2つがある。

　分析型は，訓練された少人数の感覚機能（五感）を分析機器として試料の特性を調べるもので，試料間の差の識別や品質の鑑別，格付けなどを目的とする。

　嗜好型は，大人数の五感を通して，試料の受容性を調べること，試料を使って人の嗜好性や感性を調べることを目的とする。

（2）官能評価の実施法

　信頼できる官能評価を実施するためには，**パネル**の属性，評価環境，試料の調製や呈示法，設問の方法など，実施条件を注意深く管理することである。これにより，再現性が保証され，結果は統計的手法によって解析することで信頼性や妥当性が高まる。その結果，官能評価はただの味見ではなく科学的実験の一手法となり得る。

1）パネルの選定

　官能評価に参加する人のことを**評価者（パネリスト）**といい，評価の目的のために選定された評価者の集団のことをパネルという。評価者には参加決定前に**インフォームドコンセント**を行い，承諾を得ておくことが必要である。

①　分析型パネルの選定

　分析型パネルは，試料の特性を分析的に評価するためのパネルである。五味の識別試験や味の濃度差識別試験，目的とする試料の識別試験など必要に応じて訓練し，検出力の高い人を選定する。パネルの人数は，訓練されたパネルであっても10人以下の評価は望ましくなく，必要とする人数の2〜3倍のパネルを確保し選抜する。

②　嗜好型パネルの選定

　嗜好型パネルは，試料の嗜好特性を評価するためのパネルである。試料に対する消費者の嗜好を予測するためのパネルでもあるため，対象とする食品を食べている人々を代表する集団であることが求められる。パネルの人数は多いほど望ましいが，少なくとも50人以上を確保し，健康で意欲的に評価に協力する意思のある人を選定する。

2）評価実施の環境

　分析型，嗜好型の評価は一度の評価で行われることもあり，目的に応じて一定の評価環境を整えることが望ましい。共通していえることは，パネルが評価に集中できる環境を整え，かつ再現性あるデータが保証されるよう，室温，湿度，照明，給排気，防音等の条件を十分に管理することである。

①　分析型の評価環境

　分析型の場合は，他者の影響を受けずに評価ができるよう，口すすぎができる設備を備えた個室（ブース）の官能評価室で行うことが望ましい。

②　嗜好型の評価環境

　嗜好型の場合は，官能評価室で行うことの他に，パネルがリラックスした状態で評

価できるよう実生活に近い食事環境を整えるなどの工夫も大切である。官能評価室以外で行う場合でも，評価の妨げとなるような行為（相談や私語など）には注意を払う。

3）試料の調製

評価試料は，パネルが公平に評価できるように，比較したい試料特性を除いて他の特性は同一であるように注意深く調製されなければならない。試料の状態（大きさ，形，部位など）や呈示温度，量などはそろえ，盛り付け方や盛り付ける容器も同一にそろえる。また，調製した試料に記号をつける場合，記号による先入観（記号効果）を避けるためコード化（通常，3桁の乱数）して，記号に意味がないように注意を払う。

4）試料の呈示方法

複数の試料を一度に呈示し，評価を実施する場合には，呈示する位置や組合せ，評価順序などに注意を払う。これらはパネルに生理的，心理的な影響を与えるので，偏りが出ないように実験計画を立てる。例えば，順序効果や位置効果を避けるため，可能なすべての順序，組合せが同じ回数となるよう計画し，パネルにはランダムに呈示する。また，相乗効果や抑制効果など，試料間の相互作用を避けるため，評価の間隔を十分に確保することや，口をすすぐタイミングや味わい方に考慮して計画する。

5）評価用紙の作成

評価用紙の作成は，官能評価の再現性や結果の信頼性や妥当性を確保する上で最も重要である。評価の目的を明確にし，質問内容の意味を取り違えないように，パネルに見合った用語を検討して評価項目や質問文を作成し，予備試験を繰り返して矛盾がないように十分に検討を行う必要がある。また，回答形式はパネルが負担に感じることがないようにし，評価用紙のレイアウトも十分検討する。

（3）再現性のある官能評価の結果を得るための配慮

官能評価の実施には，実施条件を注意深く管理することが重要であり，以下の点にも配慮するとよい。

① 評価を行う時間帯は，パネルが空腹でも満腹でもない時間帯（午前10時または午後2時頃）に設定する。

② パネルには評価前の30～60分前の飲食や喫煙などは控えてもらう。また，香水や整髪料などの強い香りが評価の妨げにならないように，注意を払う。

③ パネルの属性を把握するために，フェイスシートを準備する。

④ 目的に応じたパネルを十分に確保し，得られたデータは統計的な手法を用いて解析する。官能評価の手法を選ぶ際には事前に解析方法までを決めておく。

⑤ 試料情報は，客観的な方法となる機器測定を行い把握しておくことが望ましい。パネルの検出力や官能評価との関連性を検討する際に試料情報が重要となる。

⑥ 食品の評価は個体差や部位によるバラツキ，調理条件による変化，咀嚼中の変化などがあるため，評価視点を明確にし，評価用紙，試料調製には十分に注意を払う。

２．２　官能評価の手法

　官能評価の手法は，目的別に分けると差の有無や差の大きさの識別，差が及ぼす嗜好への影響，試料特性の描写などがあり，何が知りたいのか目的を明確にすることが手法を選ぶ上で重要となる。

（１）２つの試料の違いを識別する手法

　２点試験法（pair test）は，２種の試料A，Bを呈示し，ある特性についてどちらが強いか（２点識別法），または好ましいか（２点嗜好法），を比較判定する方法である。解析は，二項分布による片側検定（２点識別法），または両側検定（２点嗜好法）を行う。

　１対２点比較法（duo-trio test）は，基準となる試料（A）を呈示し，その特徴を記憶させ，次にこれと同じ試料（A）と比較試料（B）を呈示し，基準と同一または異なる試料を選ばせる方法である。解析は，２点識別法と同様に行う。

　３点試験法（triangle test）は，試料A，Bを３個１組（６通りの組合せ）にして呈示し，３個の試料の中から異なる１つを選ばせる方法である。解析は，差の識別には二項分布による片側検定を行い，差が認められた試料の好ましさの差を二項分布による両側検定で行う。

（２）３つ以上の試料間に順位をつける手法

　順位法（ranking test）は，３つ以上の試料を同時に呈示し，ある特性について順位をつける方法である。同順位を許す場合と許さない場合とがある。差の程度は測定できない。解析方法は様々あるが，簡易にはクレーマーの順位合計の検定表による判定がある。

（３）３つ以上の試料間を対にして比較する方法

　一対比較法（paired comparison test）は，３つ以上の試料が存在するとき，それらを２つずつ取り出して対ごとに相対的に比較評価する方法である（図２−15）。試料数が多いほど組合せ数は多くなるため，全体で同回数試料の評価が実施されるように計画を立てる。解析方法は様々で，目的に応じた手法を選択する。例えば，間隔尺度を用いた順位づけと差の評点の解析にはシェッフェの方法を行う。

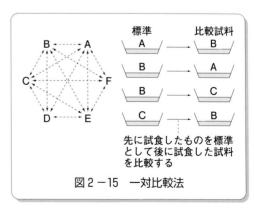

図２−15　一対比較法

（4）特性の大きさを量的に測定する方法

　採点法，評点法（scoring method）は，ある特性についてあらかじめ用意された基準に従って，試料に評点を与える方法である。カテゴリーに対して0～10や−3～＋3などの数値尺度が定義されている場合と，評価尺度の末端（単極または両極）にだけ言葉を与えられている場合がある（図2−16）。また100点満点で何点かなど，純粋に採点する場合がある。カテゴリーに割り付ける数字が順序尺度か間隔尺度かによって解析方法が異なり，間隔尺度の場合に限り，計量値として統計処理ができる。

　マグニチュード推定（magnitude estimation）は，ある試料を標準として，試料に感覚の強度に比例した評点を与える方法で，比率尺度を用いた採点法の一つである。試料のある特性の関係を調べたり，刺激の物理量と感覚量の関係を調べたりなど，比率尺度のものさしをつくるための方法としても用いられる。

（5）質的な特性を描写する手法

　記述的評価法（descriptive analysis）は，試料の官能的な属性や感覚の強さなどの特性を，記述的な複数の用語を用いて描写する方法である。代表的な手法として，SD法やプロファイル法，定量的記述分析法（QDA法）などがある[3]。

　SD法（semantic differential method：意味微分法）は，パネルの嗜好や経験に応じて感じる感情的意味や，試料の質的な特性を詳細に描写するための記述的評価法の一つである。相反する意味を持つ形容詞を両極の末端においた5～7段階の評定尺度（両極尺度）を多数用い，各尺度上の特性のイメージに印をつけて評定する（図2−17）。評定値は平均値を求めて尺度上にプロットすることで特性のプロフィールが描写される。解析は，多変量解析を行うことで多数の特性を多元的に表現し，パネルや試料の基本的なイメージ構造を抽出できる。

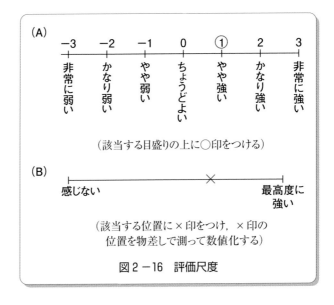

図2−16　評価尺度

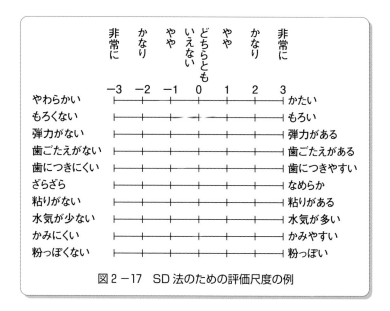

図 2−17　SD 法のための評価尺度の例

2.3　客観的評価の手法

（1）機 器 測 定

　おいしさの要因の一つである食べ物の状態を客観的に数量化することが機器測定の目的である。主な測定方法として化学的，物理的，組織学的，生理的方法がある[4]。

1）化学的方法

　化学的方法は，食品の栄養成分，機能性成分の他，嗜好性成分に関わる味やにおいの化学的特性を数量化することを目的として，呈味成分や香気成分の機器測定が行われる。屈折率や導電率測定による糖度計，塩分濃度計，酸度計は簡便な方法としてそれぞれ甘味，塩味，酸味の指標に用いられる。定性，定量分析には高速液体クロマトグラフィーやガスクロマトグラフィー，近赤外分光分析（非破壊計測）などが用いられる。

　味覚センサやにおいセンサは，呈味成分や香気成分そのものを定量する方法ではなく，各化学センサによる刺激応答をコンピュータ処理し，特性パターンを出力する方法である。人の感覚における受容と認識を模倣した測定方法の一つである。

2）物理的方法

　物理的方法は，テクスチャーや温度，色などの物理的特性を数量化することを目的として，機器測定が行われる。

　食品のテクスチャーを測定する機械的な方法として，力学的物性値の測定がある。流動を含む物質の変形（レオロジー）に関する食品の物性値を数値化する基礎的方法，食品物性の特性値を経験的に測定する経験的方法，食品が実際に扱われるときと同じような条件を模擬した模擬的方法の 3 つがある。この他，温度測定は食品のテクスチャーや味にも影響を及ぼす基本的な物理的特性の一つである。

　色の測定は，XYZ表色系，L*a*b*表色系，マンセル表色系を用いて試料の色と色票とを比較する方法や，色を光学的に測定する色差計を用いた方法がある。色彩色差計は，人の視覚を模倣した光センサで試料の反射色や透過色を測定する機器である。

3）組織学的方法

　組織学的方法は，食品の組織構造を形態的・組織化学的に捉えることを目的として顕微鏡観察や画像解析が行われる。調理操作や咀嚼による組織構造の変化は複雑であり，生体系食品では可食部位や個体差が大きいため観察箇所が全体の特性を表しているとは限らない。分散系食品では均質な試料を調製しやすい反面，調理加熱によるバラつきが考えられるため，観察箇所の選択は注意が必要である。

4）生理学的方法

　人の感覚を刺激し，生理的な変化を客観的に数量化することを目的に，様々な方法（筋電位測定，脳波・事象関連電位，皮膚電位，脳内血流計測など）が用いられる。筋電計は，筋細胞が収縮活動するときに出される活動電位（筋電位）を測定する機器であり，人が食物を咀嚼している間の筋活動の筋電位変化が分析できる。人の感覚を用いた分析型官能評価との相関がよいとされる方法である。

（2）機器測定と官能評価の関連性

　おいしさの評価は，人の感覚で捉えられた様々な情報を脳で総合的に判断し，快い感情を伴うものであるため，機器測定だけではおいしさを捉えることには限界がある。機器測定は単一の要素を測定することに関しては優れている反面，複合的な要素（相互作用など）の測定には問題がある。例えば，同じ濃度の呈味成分値でも液体食品とゲル状食品では人の感じ方は異なるが，この違いを直接測定できる機器は現時点ではなく，官能評価の手法が用いられる。一方で，官能評価は人の感覚が測定器となるため，機器測定に比べ定量的かつ客観的な情報の維持が難しい。そのため，双方の情報の関連性を科学的に証明することが重要といえる。

文　献

●引用文献
　1）川端晶子：食品物性用語辞典，p.179，養賢堂，1996
　2）日本工業標準調査会：JIS Z 8144：官能評価分析－用語，日本規格協会，2004
　3）阿部啓子・石丸善朗監修：おいしさの科学的評価，p.144，シーエムシー出版，2016
　4）寺田千春：官能評価活用ノウハウ・感覚の定量化・数値化手法，技術情報協会，2014
●参考文献
　・日本工業標準調査会：JIS Z 9080：官能評価分析－方法，日本規格協会，2004
　・山野善正総編集：おいしさの科学事典，朝倉書店，2003

第 3 章

調理操作と調理機器

　調理操作とは，食品素材を清潔かつ安全で，健康の維持・増進および明日への活力を与えるおいしい食べ物を調製することを目的として，調理するその過程で行われる種々の操作をいう。調理には非加熱操作および加熱操作があるが，一つ一つの操作を十分に理解したのち，調理設備，調理機器や調理に用いるエネルギー源などについて学び，人間工学も考慮した調理システムの基礎知識も修得する。本章では，主として家庭の厨房の規模での調理操作とその条件について解説するが，調理システムについても言及する。家庭の厨房もシステムキッチンなど様々な種類のものが出回っており，調理操作は多岐にわたるが，その基本的な部分を理解する。

1. 調理操作の意義

　調理操作は，食材を料理の形で喫食者に提供するために行う一連の作業（行為）である。食材の栄養的・調理的特性を活かし，安全でおいしい食べ物を提供するためには，調理操作の種類とその特徴を理解する必要がある。調理操作は非加熱調理操作と加熱調理操作に分類でき，非加熱調理操作には，洗浄，浸漬，切断，ろ過等，加熱調理操作には煮る，炒める等の操作がある。通常これらの調理操作を組み合わせて行われることが多い。調理操作は料理の仕上がりを左右するため，料理の内容（目的）によって適した調理操作を選択する必要がある。

2. 非加熱調理操作

2.1　調理における非加熱操作

　一般には，加熱操作は主操作であり，**非加熱調理操作**は，下ごしらえや中間的な操作，仕上げまでの過程で行われることが多い。主な非加熱調理操作を，表3－1にまとめた。

　複数の操作を組み合わせたり，時には複数の操作を同時並行して行うこともある。一つ一つの操作が料理の仕上がりに影響を与えることも多いので，食品の成分変化や物性の変化などを考慮して，適切な操作を選択する必要がある。

43

表3－1　非加熱調理操作の分類

操　作	内　容
計量・計測	重量，容量，体積，温度，時間を計る
洗浄	流し洗い，こすり洗い，もみ洗い，ふり洗い，さらし洗い，混ぜ洗い，とぎ洗い
浸漬	戻す…吸水，膨潤 浸す…吸水，膨潤，あく抜き，塩出し，うま味成分の抽出，調味料の浸透，変色防止，水分の補給
切砕・成形	切断…切る，きざむ，皮をむく，魚をおろす，けずる 成形…形状，大きさを整える
粉砕・磨砕	粉砕…つぶす，砕く，裏ごしする，肉をひく 磨砕…野菜をおろす，する
混合・混捏・撹拌	混ぜる…かき混ぜる，かき回す 和える…混ぜ合わせる こねる，練る，泡立てる
圧搾・ろ過	圧搾…しぼる　　　ろ過…こす 粉をふるう
成形・伸展	成形…押す，握る，詰める　　　伸展…伸ばす
冷却	冷やす，冷ます
冷凍・解凍	冷凍…凍らせる　　　解凍…氷結晶を溶かす

出典）川端晶子，大羽和子：健康調理学，学建書院，p.78，2015，一部改変

2.2　非加熱調理操作の種類

1）計　　量

　調理に均一性，再現性をもたせるためには，食材の重量，容量，体積や，調理操作時の温度，時間などを正確に**計量**する必要がある。容量は，計量カップ，計量スプーン等を用いて測定する。食品や調味料によっては，容量と重量が同一ではないので，計量の際の重量と容量のちがいを理解することが大切である（第3章，p.61参照）。

2）洗　　浄

　洗浄は，食品に付着した有害物など，食べる上で不都合なものを除去し，衛生的に安全な状態にすることである。除去の対象には，食品の泥土，塵埃，細菌，農薬，微生物などや，さらに食品の不味成分やにおい成分などがある。洗浄の基本は水洗いであるが，目的に応じて中性洗剤，塩水（1〜3％），酢水（5〜10％）等を使用することもある。また，洗浄は，水溶性栄養成分やおいしさに貢献する呈味成分の溶出を伴うので注意する。洗い方は，ふり洗い，もみ洗い，こすり洗い等食材に応じて選択する。

3）浸　　漬

　浸漬とは，食品を，水や食塩，他の調味料などを含む液体に浸す操作である。乾燥食品を吸水・膨潤・軟化させ，食品に含まれている不味成分の除去，塩蔵品の塩出し，

表3－2　浸漬の目的とその例

目　　的	主な食品	浸漬に用いる水などの種類
吸水，膨潤，軟化	〈植物性乾燥食品〉 ぜんまい，わらび，だいこん，豆類，ゆば，凍り豆腐，しいたけ，かんぴょう，各種海藻類，穀類など 〈動物性乾燥食品〉 たら，にしん，海参（ハイシェン），魚翅（ユイチイ），蹄筋（ティジン），ゼラチンなど	水（各種温度） 米のとぎ汁（白水） 灰（2～3％） 灰汁（あく）（灰10％の上澄み液） 水溶液 重曹水（0.3％） 食塩水（1％） 油（120℃前後）
あく抜き	ほうれんそう，ふき，わらび，ぜんまい，たけのこ，だいこん，なす，ゆりねなど	水（各種温度） 灰（2～3％） 灰汁（灰10％の上澄み液） 糠液（10～30％） 重曹水（0.3％） 食酢液（3～5％）
渋味抜き	干しにしん，かずのこ，かきなど	水（冷水～室温水） 灰汁（灰10％の上澄み液） 糠液（約5％） アルコール類
塩出し	塩蔵食品など	水（室温水）食塩水（1.5％） 灰汁（灰10％の上澄み液）
砂出し	貝類	水（室温水） 食塩水（2％）
血抜き	臓もつ類	水（冷水）
褐変防止	もも，りんご，びわ，れんこん，ごぼうなど じゃがいもなど	水（冷水～室温水） 食塩水（1％） アスコルビン酸水溶液（50～100mg％） 食酢液（約3～10％） 水（室温水）
うま味の抽出	こんぶ，かつお，煮干し	水（室温水）
調味 風味強化	魚類，野菜類，果実類 魚類，肉類，パン	各種調味液，油，アルコール類 牛乳
鮮度保持	野菜類など	水（冷水～室温水） 少量の砂糖水
色調保持，増強 煮くずれ防止	野菜類など くり，ゆりね，さつまいもなど	水（冷水） 食酢液（約3％）
歯切れの向上	ゆでためん類	水（冷水）

野菜・果物等の褐変防止，うま味成分の抽出，テクスチャーの向上など調理過程における多くの目的で利用されている。浸漬は浸漬液の種類や温度，時間を適切に設定する必要があり，長時間放置しておくと呈味成分や栄養成分の損失が起こる。表3－2に浸漬の目的とその例を示した。

4）切砕，成形

切砕は，包丁などの器具を用いて2つ以上に分ける操作である。具体的には，きざむ，むく，けずる，手でちぎる，魚をおろすなどがある。その目的には，①食品の不可食部の除去，②形，大きさなど外観を整える，③食品の表面積を広げ，加熱時の熱伝導を向上させ，調味料の浸透をよくする，④食品の歯ごたえや口当たりをよくすることが挙げられる。**成形**は，広い意味では切ることも含まれるが，通常，のばす，包む，結ぶ，にぎる，丸めるなどの形を整え大きさを揃える操作を意味する。

5）混合，撹拌

混合，撹拌は，温度や味の分布の均質化をはかる「混ぜる」操作である。混合は，2

表3－3　混合・撹拌操作の目的とその例

目　　的		調理の例
容器内の材料分布の均一化		寿司飯…飯，具，合わせ酢 炊き込みご飯…米，具，調味料 肉だんご，ハンバーグ…挽き肉，副材料，調味料 和え物…具，和え衣 天ぷらの衣…小麦粉，卵，水
調味料の浸透の均一化と促進		和え物…材料，和え衣 塩もみ…材料，食塩
温度分布の均一化	加　熱	ルウ…油脂，小麦粉，だし汁 煎り卵…全卵，油脂，調味料 炒め料理…材料，油脂，調味料
	放　熱	ゼリー類…フルーツゼリー，泡雪かん， 　　　水ようかん：寒天，カラギーナン，ゼラチン 寄せ物…アスピックサラダ 　　　白身魚の寄せ物：寒天，カラギーナン，ゼラチン
物理的性状の変化	乳　化	マヨネーズ…卵黄，油脂，食酢，食塩，からし
	ドゥの形成	パン…小麦粉，イースト，砂糖，油脂，ミルク，卵 うどん…小麦粉，食塩，水
	気泡の抱き込み	メレンゲ…卵白 ホイップドクリーム…生クリーム
	粘弾性の増強	かまぼこ…生地をこねながら粘りをだす

混合・撹拌に用いる器具
　道具：へら，泡立て器
　機器：ジューサー，ミキサー，フードミキサー，らいかい機，混捏機
出典）川端晶子，大羽和子：健康調理学，p.83，学建書院，2015

種類以上の食品材料を混ぜ合わせて材料分布を均一化する操作で，混合する材料は，液体と液体，液体と固体，液体と気体，固体と固体の場合がある。酢の物や和え物，お浸しに用いられる。撹拌は，1種類の食品材料でも行うことができる。炒め物では，高温短時間で焼きむらなく仕上げるため，速い撹拌操作が必要となる。また，物性の変化を目的とした卵白や生クリームの泡立てや乳化などのかき混ぜ操作がある。混合，撹拌操作は単独で行うよりも同時に行うことが多い。表3－3に混合，撹拌の目的とその例について示した。

6）磨砕，粉砕

　磨砕は，食品をすりつぶしたりおろしたりしてペースト状にする操作である。粉砕は，固形の食品に外力を加え，組織や形態を細かく砕いて粉状等にする操作である。磨砕，粉砕によって食材の組織や成分が均一化されるため，調味性や口当たり，消化・吸収をよくし，また，外観や食感の変化により嗜好性を向上させる。一方で，表面積が拡大し，食品内部が露出することによって，褐変など嗜好低下を引き起こす変化をもたらす可能性がある。表3－4に磨砕，粉砕の目的と例および留意点を示した。

7）圧搾，ろ過

　圧搾は，成形，脱水，液汁の搾取などの目的で行われる。食品に外部から圧力を加

表3－4　調理における磨砕，粉砕の目的と例および留意点

目　　的	例	留　意　点
磨　　砕		
食品の組織の破壊	だいこんおろし，りんごおろし，にんじんおろし，たたきごぼう，たけのこのだんご	組織破壊により，酵素的褐変やビタミンCの酸化が起こりやすいので注意する
食品の粘着力の増加	ひき肉，魚肉すり身	細菌汚染に気をつける
口当たりの改良	やまいもとろろ	アミラーゼの働きを助けるようにきめ細かくする
風味の変化	あたりごま（ごまをする）ピーナッツペースト	煎った直後にする
辛味の増加	わさびおろし	きめ細かく，ゆっくりとおろすことによりミロシナーゼが活性化しやすい
物性の変化	みそ，豆腐	
粉　　砕		
組織の細分 消化率の増加 利用率の拡大 物性，風味の変化	コーヒー きな粉（いり大豆粉） そば粉 こしょう，さんしょう，とうがらし	成分を浸出しやすくする 芳香を効果的にする

表3－5　調理における圧搾，ろ過の目的と例および留意点

目　　的	例	留　意　点
圧　　搾		
液体の採取 液（汁）の分離 成形	ジュース（果物，野菜） すし，いも，かぼちゃの茶巾しぼり	圧の加え方で不溶性固形物と可溶性成分の混入度合いが異なる。香味にも影響する
ろ　　過		
不溶部分の除去	だし汁，コーヒー，茶など	透明なろ液の利用が望ましいので圧を加えない
（1）手圧を加えない		
食品材料の均質化，粒子の細分化，食品の形態や組織を破壊し，性状を変える	卵液，みそ ゆでたまご，豆腐（白あえ衣），和菓子のあん	空気は入れないようにする 粘りを出さずにこす
（2）手圧を加える		
液体と固体の分離	生こしあんづくり	生こしあんづくり操作過程では，皮取りとでんぷんと水とを分ける。2度のろ過の組合わせで行う
形態，性状を変える	マッシュポテト	粘りを出さないように工夫する

え変形させる操作で，**押す，にぎる，絞る**などがある。**ろ過**とは，こし器など一定の面積の網目を通して異なる大きさの物質を分離する操作で，水分を含んだ食品を固形部分と液体部分，あるいは必要な部分と不要な部分に分けることをいう。また，こしあんのように固形物同士の分離やマッシュポテトのように磨砕を含めた裏ごしなどもある。表3－5に圧縮，ろ過の目的と例および留意点を示した。

8）冷却，冷蔵，冷凍

冷却とは，食品の温度を冷水や氷水，あるいは冷蔵庫などを用いて冷やすことをいう。冷却により食品の色・味・香り・テクスチャーが変化する。例えば，ほうれんそうやこまつななどは，ゆでた後に冷却することにより鮮やかな緑色となる。冷却することにより，食品の保存性の向上，冷却によるゲル化，性状や成分劣化の抑制，色，味，香りなどの維持・向上などの効果がある。

冷蔵とは，主に0～10℃の温度帯で食品を凍結せずに短期保存や貯蔵することであり，通常冷蔵庫が利用される。保存する食品に応じて温度帯を設定する。冷蔵室に加えて，7～10℃付近の野菜室を設定する冷蔵庫が多い。また，チルド（通常0℃）や氷温（－1℃程度），パーシャル・フリージング（－3℃程度）といった，食品を冷凍せずに貯蔵する冷凍と冷蔵の間の温度帯が設定されることもある。この温度帯では，通常の冷蔵よりも保存期間が延長でき，解凍による品質劣化を防ぐことができる。

　冷凍は，食品を0℃以下で凍らせる操作である。冷凍は，冷蔵に比べて温度帯が低いため各種食品の微生物繁殖の防止，自己消化の抑制（酵素の活性抑制）が可能であり，冷蔵より食品の保存・貯蔵を長くできる。冷凍食品の温度に関しては，食品衛生法では保存基準が−15℃以下，日本冷凍食品協会の自主取扱基準では−18℃以下となっている。

　食品を冷凍するとき，図3−1に示すように，食品の水分の大部分が**氷結晶**となる最大氷結晶生成帯（−1〜−5℃）をできるだけ速く通過する（急速凍結）ことが重要である。**急速凍結**は，最大氷結晶生成帯の通過時間が短く食品の組織が破壊されにくいため，市販の冷凍食品はこの方法でつくられる。**緩慢凍結**は，最大氷結晶生成帯の通過時間が長いため，氷の結晶が大きく成長して食品の組織を傷め，それが解凍時の水分（ドリップ）となり品質が劣化する。家庭用の冷凍庫で凍結を行うと一般的に緩慢凍結になるが，最近の冷凍冷蔵庫では，急速凍結に近い冷凍機能をもった機種もある。ホームフリージングするときは，食品をできるだけ薄く均一にし，空気が入らないように密閉するなどの工夫が必要である。

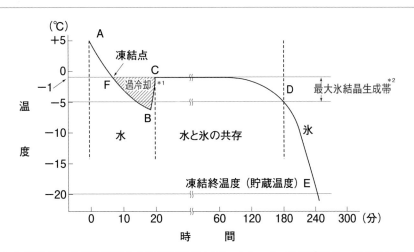

＊1　過冷却：食品を周辺から緩慢に冷却していくと，A〜B曲線にそって品温は低下し，B点で急に温度が上昇してC点に至り，C点で凍結が開始する。C点を外挿したF点が凍結点で−1〜−1.5℃くらいである。斜線の部分が過冷却である。凍結点以下でもまだ凍っていない状態である。

＊2　最大氷結晶生成帯：食品の中心温度は0〜−5℃付近で一時，温度の下がり方が非常にゆるやかになるが，この温度帯をいう。すなわち，食品中の水分が氷に変化する温度帯である。冷却力が小さいときは，この温度帯を通過するのに時間がかかり，水は最初できた氷結晶の周りに移動して氷結するので，氷の結晶が大きくなり，食品の組織を破壊しやすい。氷結晶は小さくそろえるほうがよいので，凍結速度はなるべく速いほうが望ましい。

図3−1　食品の冷凍曲線模式図
出典）日本冷凍食品協会監修：最新冷凍食品事典，p.607，朝倉書店，1987

表3－6　解凍方法の種類と適応する冷凍食品の例

解凍の種類		解凍方法	解凍機器	解凍温度	適応する冷凍食品の例
緩慢解凍	半解凍又は生鮮状態にまで解かす方法	低温解凍	冷蔵庫	庫内温度（5℃以下）	生鮮食品（魚介，畜肉，野菜，果実），菓子類，茶わん蒸し
		自然（室温）解凍	室内	室温（常温）	
		水中解凍	水槽（溜水，流水）	水温	
		氷水中解凍	水槽（氷水）	0℃前後	生鮮食品（魚介，畜肉）
急速解凍（調理）	冷凍品の解凍と調理を同時に行う方法	スチーム（蒸煮）解凍	コンベクションスチーマー蒸し器等	水蒸気加熱 80〜120℃	シュウマイ，ギョウザ，まんじゅう，茶わん蒸し，真空包装食品（スープ，シチュー，カレー），野菜類
		ボイル（煮熱）解凍	湯煎器，鍋等	湯中加熱 80〜100℃	（袋のまま）真空包装のミートボール，酢豚，うなぎの蒲焼等（袋から出して）豆類，ロールキャベツ，野菜類，麺類
		オーブン解凍	自然対流式オーブンコンベクションオーブン輻射式オーブンオーブントースター等	加熱空気の対流と輻射熱 150〜300℃	グラタン，ピザ，ハンバーグ，コキール，ロースト品，コーン，油ちょう済食品類
		フライ（油ちょう）解凍	オートフライヤー平鍋等	油中加熱 150〜180℃	フライ，コロッケ，天ぷら，から揚げ，ギョウザ，シュウマイ，フレンチフライポテト
		ホットプレート（熱板）解凍	ホットプレートフライパン等	鉄板上伝導加熱 120〜300℃	ハンバーグ，ギョウザ，ピザ，ピラフ
	誘電加熱解凍（工場等で原料を大量に急速解凍する場合もある）	電子レンジ（誘電加熱）	電子レンジ	マイクロ波による高周波誘電加熱	生鮮品，各種煮熱食品，真空包装食品，野菜類，米飯類，各種調理食品
	加圧空気解凍（工場等で原料を大量に急速解凍する場合もある）	加圧空気解凍	加圧（加熱）空気解凍器	15〜20℃	魚肉，畜肉

出典）日本冷凍食品協会：冷凍食品取扱マニュアル，p.21

　　解凍は，冷凍した食品を冷凍前の状態に戻す操作であり，解凍速度により緩慢解凍と急速解凍に大別される。緩慢解凍は，冷蔵庫内，室温，流水等でゆっくり解凍する方法であり，急速解凍は，解凍と調理を同時に行う加熱解凍と電子レンジで解凍を行う場合がある。表3－6に解凍方法の種類と適応する冷凍食品の例を示した。

3．加熱調理操作

3.1　調理における加熱

　　加熱調理操作は，調理の主要操作である。加熱操作によって，料理を食品衛生上安全な状態にし，体内での消化吸収性を高める。また加熱中には，食品の組織や成分が

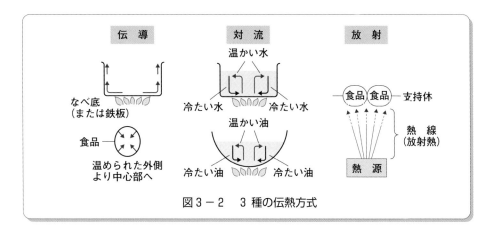

図3-2　3種の伝熱方式

変化するため，色，香り，味，テクスチャーなどにも影響し，嗜好性を左右する。加熱による成分変化には，でんぷんの糊化，たんぱく質の熱変性，脂肪の融解および分解，ミネラルおよびビタミンの減少などがある。食品をおいしく調理するには，加熱方法や加熱温度，時間などを適切に選択することが重要である。

3.2　伝熱様式

　加熱によって食品へ熱が伝わるときには，高い方から低い方へと食品全体の温度が上がっていく。熱の伝わり方には伝導，対流，放射の3つの伝熱方式がある（図3-2）。

　伝導とは，静止した物体中に温度差がある場合，温度の高い方から低い方に熱が伝わる現象である。フライパンや鉄板で焼く，炒める調理などにみられる。ステンレスや鉄に比べてアルミニウムや銅の鍋では，熱の伝わり方が速く，火加減の影響を受けやすいのは，熱伝導率が高いからである。また，食材の熱伝導率は概して低いため，食品表面を過度に加熱せず内部にいかに効率よく熱を伝えるかが仕上がりを左右する（表3-7）。

　対流とは，液体や気体などの熱媒体が高温により膨張して軽

表3-7　各物質の熱伝導率〔W/(m・K)〕

	物質名	温度〔℃〕	熱伝導率
金属	銅	27	398.0
	アルミニウム	27	237.0
	鉄	27	80.3
	ステンレス	27	27.0
非金属固体	ガラス板	27	1.03
	陶器	27	1.0〜1.6
	木材（杉）	27	0.069
液体	水	97	0.671
	水	27	0.610
	エチルアルコール	27	0.166
気体	空気	5	0.025
	空気	85	0.030
	炭酸ガス	75	0.028
	蒸気	225	0.036
食品	牛肉（赤身・もも）	17.4	0.429
	鮭	3.9	0.502
	オリーブ油	28.9	0.168
	白パン		0.064〜0.072

出典）渋川祥子，杉山久仁子：新訂 調理科学，同文書院，2005を一部改変

く（比重が小さく）なって上昇し，それによって冷たい流体（比重の大きな低温部）が下方に流入する現象である。対流による伝熱は，ゆでる，煮る，揚げる，蒸す，オーブン調理でみられる。

　空気よりも水の方が熱を伝えやすく，また，同じ熱媒体でも強制的に対流させることで熱が伝わりやすいことから自然対流のオーブンよりファンで空気を強制的に対流させたコンベクションオーブンの方が効率よく熱を伝える。一方，スチームコンベクションオーブンは，水蒸気による蒸し加熱機能を併せ持つため，水蒸気による対流によって加熱される。

　放射とは，熱源から放出される赤外線のエネルギーが，熱媒体を介することなく直接，食品に吸収され熱エネルギーに変化する現象である。放射伝熱による加熱は，直火焼き（炭火）や自然対流式オーブンによる加熱で主にみられる。また，マイクロ波のような電磁波も，吸収された物質の内部で熱に変わる性質があり，放射または輻射と呼ばれる。

　実際の加熱操作では，これらの伝熱方式が組み合わさって熱が食品に伝えられる。金属や食品などの固体内部では伝導によって熱が移動し，水や油などの液体中では対流によって熱が移動することが多い。

3.3　加熱調理操作の種類
　加熱調理操作の種類を表3－8に示した。

（1）湿式加熱
　湿式加熱は，水や水蒸気が熱媒体となり，熱は主に対流によって食品に伝わり，加熱温度は通常約100℃以下である。加圧加熱（圧力鍋）では約110～125℃で加熱される。

1）ゆでる
　「ゆでる」とは，多量の水の中で食品を加熱する操作で，その方法は食品材料の種類とゆでる目的によって異なる。個々の食品の持つ風味や特性を生かすように配慮する。ゆでてそのまま食べる場合と，調理の下ごしらえとして行われる場合がある。ゆでる操作は，組織の軟化，でんぷんの糊化，たんぱく質の熱変性，酵素の失活，色彩の保持，あく・不味成分・不快臭の除去，吸水，脱水，油抜き，殺菌などの様々な目的で利用される。これらの効果を高めるために，食塩，酢，でんぷんなどをゆで汁に加えることがある。表3－9にゆでる操作の種類と食品を示した。

　一般的に多量の湯は，食品投入後の温度低下を小さくし，ゆで時間を短縮するため，食品成分の変化を少なくする効果がある。動物性食品では，表面たんぱく質の熱凝固によりうま味成分の溶出を抑えることができる。また，ふたをしないことで水蒸気とともに不快臭を取り除くことができる。

2）煮る
　「煮る」とは，一般にだし汁と調味料の入った煮汁中で食品を加熱する調理操作で

表3－8　加熱調理操作の種類

加　熱　法		熱を伝える媒体	主たる伝熱法	温　度（℃）	調　　　理	
					主たる調理名	類似の調理名
外部加熱法	湿式加熱 ゆでる	水	対　流	100	ゆで物	汁　物
	煮　る	水（調味液）	対　流	100	煮　物	煮込み なべ物
	蒸　す	水（蒸気）	対　流（凝縮）	最高100 食品により 85～90	蒸し物	蒸し煮
	炊　く	水	対　流	100	炊　飯	
	乾式加熱 焼　く					いり煮
	直火	（空気）	放　射（幅）	200～300	焼き物	蒸し焼き
	間接	金属板など	伝　導	200～300		
	オーブン	空気，金属板など	対流，伝導，放射	130～280		
	炒める	油，金属板など	伝　導	150～200	炒め物	炒め焼き 炒め煮
	揚げる	油	対　流	150～190 食品により 120以上	揚げ物	揚げ煮
	電磁誘導加熱 煮　る 蒸　す 焼　く （間接） 揚げる	磁力線に変換させた電気エネルギーをまずなべ底に与え，発熱はなべ底自身で行わせる ［電気（磁力）エネルギー→なべ底→熱エネルギー］			①長時間とろ火の加熱調理 ②蒸し物 ③直火以外の焼き物 ④揚げ物では油の温度を安定化しやすい	
内部加熱法	誘電加熱 煮　る 蒸　す 焼　く	2,450±50MHzのマイクロ波を照射し，分子の回転摩擦が熱運動のエネルギーとなり，食品の内部温度を上げ，その結果，加熱される			①加熱・再加熱調理（煮物，蒸し物，焼き物） ②下ごしらえとしての加熱調理 ③解凍調理	

出典）川端晶子編：調理学，p.94，学建書院，1997

ある。煮物の種類について表3－10に示した。煮汁の対流によって食品に熱が伝えられると共に，食品中の水溶性成分が煮汁へ溶出するが，逆に煮汁中の調味料が食品中に拡散することで味がつく。煮汁が少ない場合，味を均一に浸透させるために，食品の上下を返したり，**落としぶた**を用いたり，煮汁をかけたりすることが必要である。また，調味料が浸透しにくいものは表面積が広くなる切り方や**かくし包丁**をする。煮崩れ防止には落としぶたや**面取り**をすることもある。

3）炊　く

「炊く」とは，煮る操作と同意語（同義語）で，主に炊飯に代表される煮る，蒸す，焼くの複合的な加熱調理である。煮る場合と比較して，煮汁が食品に吸収された状態を炊くということが多い。また，食材ごとに煮て，ひとつの器に盛りつける「炊き合わせ」，豆を炊くなどもある。

表3-9　ゆでる操作の種類と食品

媒　体	ゆで水	食品名
水から	水 1～2％食塩水 0.5～3％酢水 ぬか，米のとぎ汁 0.5％ミョウバン水	根菜類，豆類，ゆで卵 ぬめりのあるいも れんこん，ごぼう 皮付きたけのこ，ふろふきだいこん さつまいも，くり，さといも
湯から	水 1～2％食塩水 3～5％酢水 2％酢水，3％小麦粉 0.2～0.3％重曹水 0.5～1％ミョウバン水 水＋酒，塩	はくさいなどあくのない野菜，めん類 ほうれんそうなどの緑色野菜，パスタ類，ポーチドエッグ ポーチドエッグ カリフラワー 山菜などあくが強く，繊維のかたいもの なす えび，いか，魚などの椀種

出典）木戸詔子，池田ひろ編：新食品・栄養科学シリーズ　調理学　第3版，化学同人，p.28，2016

表3-10　煮物の種類

種　類		方　法　と　例
煮方による分類	含　め　煮（含ませ煮）	食品が十分浸る程度の煮汁（材料と同重量かそれ以上）で加熱した後，煮汁中に置き，味を含ませる。煮くずれしやすいものに適する。いも類，くり，凍り豆腐など。
	煮つけ（煮しめ）	煮汁は材料の1/3～1/4，煮上げた時には煮汁はほとんど残らない。魚の煮つけ，根菜類の煮しめ。
	い　り　煮	少量の煮汁（材料の1/5～1/6）でいりつけるよう煮上げる。でんぶ，おからなど。
	煮　込　み	たっぷりの煮汁で長く煮る。おでん，ロールキャベツ，シチューなど。
	煮　浸　し	煮汁は多め（材料の2/3～同重量）で薄味。青菜など。
調味料による分類	醤　油　煮	主として醤油で味つけ，砂糖，酒，みりんは適宜入れる。
	う　ま　煮	煮しめよりやや甘味を強く，野菜，いも，魚，貝などをとりあわせた煮物。
	甘煮（砂糖煮）	甘味を主とした煮物。煮豆，きんとん。
	酢　　　煮	酢を多くして煮る。白く煮上げる。生臭みをとる。れんこん，ごぼう，いわしなど。
	味　噌　煮	味噌味をきかせ，生臭み，脂っぽさをおさえる。青魚，豚肉など。
	白　　　煮	塩と砂糖で色がつかないよう仕上げる。うど，れんこん，ゆりね。
	青　　　煮	緑色をいかしたい場合。かために下ゆでし，煮汁中でひと煮立ちさせ，冷ました煮汁中に置き味をつける。ふき，さやえんどう，さやいんげんなど。
	吉　野　煮	煮汁にでんぷんを加えてからませる。とうがん，鶏ささみなど。
煮る以外の操作が加わるもの	炒　め　煮	炒めてから煮る。短時間で煮上げる。きんぴら，いり鶏。
	揚　げ　煮	揚げて煮る。煮る時間はさっとくぐらせる程度。魚のおろし煮，燻魚（シュンユイ）。
	焼　き　煮	焼いてから煮る。煮くずれを抑え，香味を増す。魚など。
	ゆで煮（湯煮）	加熱するだけの目的で熱湯中でゆでてから使う。吸い物椀種，あえ物材料。

出典）下村道子，和田淑子：新版調理学，p.49，光生館，2003

4）蒸　す

　「蒸す」とは，水を沸騰させ，発生した水蒸気を熱媒体として食品を加熱する調理操作である。水蒸気が食品の表面で液化する際の潜熱を利用して食品は加熱される。蒸し器内に蒸気が充満すると，常圧では100℃になるが，蒸気を調節すれば100℃以下

表3－11　蒸気温度による蒸し操作の分類

加熱温度	方　法	例
高温持続 （100℃）	火力は強く，沸騰したら中火または強火持続，密閉して蒸気がもれにくいようにする	いも類，まんじゅう類，魚介類，肉類，スープ蒸しなど
高温持続 （100℃） 補水を考慮する	上記と同様にし，最初に霧を吹いたり，途中で打ち水を2〜3回実施する	こわ飯，脱水してかたくなったまんじゅうや冷や飯，もち類など
低温持続 （80〜90℃）	火力を極力弱め，沸騰直前ぐらいの温度を維持，またはわずかにふたをずらす	希釈卵液の料理（たまご豆腐，茶わん蒸し類） 膨張しすぎるもの（しんじょ蒸し）
低温スチーミング （60〜90℃）	蒸気ボイラーを用いて発生した蒸気を減圧制御し，100℃以下の低温で蒸す	1次加熱として，低温スチーミングを行った後，煮る，焼く，揚げるなどで料理を仕上げる

出典）平山一政：日本調理科学会誌，**30**，381，1997

の加熱も可能である。食品を静置状態で加熱するため，型崩れが少なく，流動性のものでも容器に入れて加熱ができる。蒸し器の水を補充すれば焦げる心配もなく，長時間の均一な加熱が可能であり，水溶性成分の流失が少ない。あく抜きや加熱途中の調味はできないため調理前後で調味する必要がある。蒸気温度による蒸し操作のちがいを表3－11に示した。

（2）乾式加熱

　乾式加熱は，水を媒体とせず，空気や金属板，油を熱媒体とする加熱法であり，揚げる，焼く，炒めるなどの100℃以上の高温で調理するので温度管理が重要である。

1）焼　　く

　「焼く」とは，電気やガスなどの熱源から放射熱によって食品を直接加熱する**直火焼き**と食品素材を直火または熱した鍋や鉄板などを通して間接的に加熱する**間接焼き**に大別される。焼き加熱は，水を使っていなので表面の水分が蒸発して乾燥し，さらに焦げの風味が加わる。加熱温度は130〜280℃と比較的高温で，食品表面と内部組織との温度勾配が大きくなる。表面が焦げすぎずに内部まで加熱できるよう注意が必要となる。焼く操作の主な種類を表3－12に示した。

①　直火焼き

　熱源からの放射熱を直接食品に伝えて焼く加熱法である。熱源は，放射熱を放出する面が広い方が効率がよい。炭火は，放射熱を放出する面が広いので赤外線が多く熱源として好まれる。600℃前後になった炭の表面より放射される放射熱で食品が加熱され，表面で乾燥が起こり，食品内部の水分を多く保つことができる。焼き魚は「強火の遠火」で焼くのがよいといわれるのは，赤外線（放射伝熱）を使い，熱源からの距離をおくことで表面の焦げすぎを防ぎ，内部まで火を通すためである。ガスは，炎の

表３－12　焼く操作の種類

	種　類	器具・その他	調理・食品例
直火焼き	串焼き	串	焼き魚（素焼き，塩焼き，照り焼き，つけ焼き，かば焼，みそ焼き）
	網焼き	網	もち，貝，なす，生しいたけ，干し魚，するめ，とうもろこし
	機器焼き	トースター，こんろ	パン
間接焼き	鍋焼き	フライパン，たまご焼き器	魚（照り焼き），たまご焼き
	鉄板焼き	鉄板　ホットプレート	ホットケーキ，ワッフル，鉄板焼き（牛肉，鶏肉，くるまえび，はまぐり，野菜類）
	機器焼き（天火）	ガスオーブン　電気オーブン　ガス高速レンジ	洋菓子，パン，鶏肉
	包み焼き	アルミ箔，和紙，フライパン，オーブン	きび，きす，はも，ささみ，きのこ，ハムなど
	石焼き　ほうろく焼き	小石　ほうろく	いも，くり　はまぐり，ぎんなん，くり，まつたけ，豆類

温度は高いが，放射熱が小さく，部分的な加熱となりやすい。直火焼きの模式図を図３－３に示した。

②　間接焼き

熱源の上にフライパン，鍋，鉄板などをのせ，その上に食品をのせて金属板からの伝導熱により食品を加熱する方法である。食品は，金属板と接触した部分は高温となるが，上部からの加熱はないので，接触面を変えたり，ふたをして，蒸気を充満させて蒸し焼きにする場合がある。金属板は，厚みがあり熱容量が大きい方が食品の焼きむらが少なく，一定の温度で加熱できる。たんぱく質食品は，金属板に熱凝着が起こるので，油を塗って防ぐ。間接焼きとオーブン焼きの模式図を図３－４に示した。

③　オーブン焼き

オーブン加熱は，オーブン内壁からの放射熱，庫内の温められた空気の対流熱，天板からの伝導熱が組み合わさった加熱である。オーブンの場合は，密閉した庫内で食品が蒸し焼き状態となり，うま味が内包され，焦げ目もつく。また，食品の周囲から同時に加熱されるので，体積の大きいものや，流動性のあるものも型に入れて加熱することができ，利用範囲は広い。

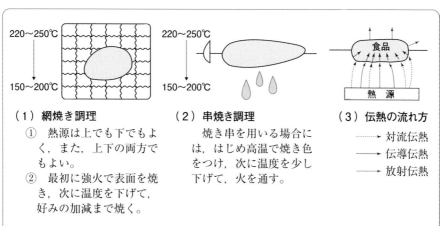

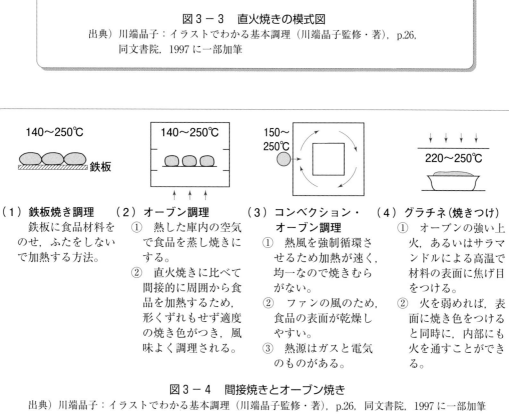

（1）網焼き調理
① 熱源は上でも下でもよく，また，上下の両方でもよい。
② 最初に強火で表面を焼き，次に温度を下げて，好みの加減まで焼く。

（2）串焼き調理
焼き串を用いる場合には，はじめ高温で焼き色をつけ，次に温度を少し下げて，火を通す。

（3）伝熱の流れ方
‥‥‥‥▶ 対流伝熱
━━━━▶ 伝導伝熱
━━━━▶ 放射伝熱

図3－3　直火焼きの模式図
出典）川端晶子：イラストでわかる基本調理（川端晶子監修・著），p.26，同文書院，1997 に一部加筆

（1）鉄板焼き調理
鉄板に食品材料をのせ，ふたをしないで加熱する方法。

（2）オーブン調理
① 熱した庫内の空気で食品を蒸し焼きにする。
② 直火焼きに比べて間接的に周囲から食品を加熱するため，形くずれもせず適度の焼き色がつき，風味よく調理される。

（3）コンベクション・オーブン調理
① 熱風を強制循環させるため加熱が速く，均一なので焼きむらがない。
② ファンの風のため，食品の表面が乾燥しやすい。
③ 熱源はガスと電気のものがある。

（4）グラチネ（焼きつけ）
① オーブンの強い上火，あるいはサラマンドルによる高温で材料の表面に焦げ目をつける。
② 火を弱めれば，表面に焼き色をつけると同時に，内部にも火を通すことができる。

図3－4　間接焼きとオーブン焼き
出典）川端晶子：イラストでわかる基本調理（川端晶子監修・著），p.26，同文書院，1997 に一部加筆

④　スチームコンベクションオーブン焼き

　スチームコンベクションオーブンは，強制対流式のオーブン機能，蒸気による蒸し加熱機能，さらに蒸気を高温に熱した過熱水蒸気で加熱を行う機能を併せ持つ機器である。過熱水蒸気による加熱は，高温の蒸気を入れたオーブン加熱であり，焼く調理となる。過熱水蒸気で加熱すると，まず食品の表面に水がつく。周りの蒸気の温度が高くても食品表面に水があるうちは，熱は食品内部の加熱と水の蒸発に使われる。も

ともと食品は水をたくさん含んでいるため，表面温度はしばらく100℃以上にならないので表面に焦げ色がつかない。表面に焦げ色がつくのは120〜130℃であるが，肉や魚の場合，ここまで加熱すると中心温度が高くなりすぎてかたい食感となる。

2）炒　め　る

「炒める」とは，熱媒体（中華鍋，フライパン，鉄板など）に少量の油を用いて食品を加熱する操作である。高温にて短時間で仕上げるため，食品の色や味の変化，栄養成分の溶出が少ない。熱媒体には，熱伝導がよく，温度変化のゆるやかな材質を用いる。炒める操作では，火力，食品の種類と量，水分量，油脂の量，かきまぜ方などによって加熱の程度が異なるため，炒め時間が変化する。

油脂は，食品と熱媒体，食品同士の付着を防止し，油の風味を付与する。使用する油脂の種類は，料理の目的とそれぞれの油脂の特性に基づいて選択される。通常，植物性油，バター，ラードが用いられる。油脂の使用量は，食品の種類や炒め操作によっても異なるが，材料の5〜10％程度が適当である。炒める前に鍋は空のまま十分熱してから油脂を入れ，油脂が熱せられた後に材料を入れる。これによって食品が鍋に焦げつくのを防ぐとともに，放水量や遊離油量を少なくすることができる。

一度に炒める食品の適量について，特に水分量の多い野菜類では，放水量と遊離油量がなるべく少なくなるよう，加熱中食品を動かしやすく短時間で仕上がる量，すなわち，鍋の1/3〜1/2くらいが望ましい。

中国料理での「炒」では，野菜の食感・歯ごたえを生かし，動物性食品はやわらかくジューシーな食感が尊重されるために，加熱は強火を用い短時間で仕上げる。

3）揚　げ　る

「揚げる」とは，高温の油中で食品を油の対流熱によって加熱する調理法である。食品中の水分が蒸発するのと入れ替わりに，食品に油が吸収されるので，油脂特有の風味が加わり，食味が向上する。高温で短時間に加熱するので，栄養価の損失は少ない。油は比熱が水の1/2と小さく，短時間で高温になるが冷めやすいので，油温を一定に保つためには一度に多量の食品を投入しない。

揚げ物の油温は120〜200℃であるが，120〜160℃は主に食品の予備加熱（油通し，たんぱく質の変性・凝固，でんぷんの糊化など），160〜200℃は仕上げの操作に利用される。適温は170〜180℃とされている。一般に，あらかじめ加熱されている食品は高温で短時間，生で十分に火を通す必要のある食品は比較的低温で長時間加熱する。

同じ油を使い続けると油は劣化（酸化）するので，使用後はできるだけ早く油をこし冷暗所に保存する。表3−13に揚げる操作の分類を示した。

4）誘電加熱（マイクロ波誘電加熱）

誘電加熱では，食品に電磁波（マイクロ波）を直接照射し，そのエネルギーを食品中の水分子等が吸収して熱エネルギーに変えるので，食品自身が発熱する。一般に電子レンジ加熱といわれる。図3−5に電子レンジのしくみについて示した。特徴として，食品内部から発熱するため温度上昇が速く，短時間加熱ができるので，食品中の酵素

表3−13　揚げる操作の分類

分　類		特　徴	食品および調理の例	適温（℃）	吸油率（%）
素揚げ		・食品に衣をつけずに揚げるため，水分の蒸発が多い	ポテトチップス（二度揚げ）	130〜140 180	5〜10
			青　菜	140〜160	
			根菜類	160〜170	
			なす，しいたけ	180	
			クルトン	170〜180	
			ドーナツ	160〜170	
から揚げ		・でんぷんや小麦粉をまぶして揚げる ・からっとした歯ざわりと風味がある	魚の丸揚げ（二度揚げ）	140〜150 180〜190	6〜8
			鶏骨なし	160〜170	
			鶏骨付き（二度揚げ）	160 180〜190	
衣揚げ	天ぷら	・水分の多い衣（小麦粉と卵水）を使用 ・内部の食品は蒸し煮状態 ・衣は水と油の交換が起こるため，からっとしたテクスチャーになる	魚介類	180〜190	15〜25
			根菜類	160〜180	
			かき揚げ	180〜190	
			青しそ，のり	140〜150	
	フリッター	・泡立てた卵白を衣に混ぜた揚げ物なので口当たりがよい ・材料は味の淡白なもの，やわらかいものが適する	白身魚，バナナ	160〜170	15〜25
	パン粉揚げ	・水分の少ない衣（パン粉）を使用 ・焦げ色がつきやすいため短時間加熱に適する	肉類（カツレツ）	160〜170	10〜20
			魚介類	170〜180	
			コロッケ	180〜200	
	変わり揚げ	・粉と卵白をつけた後，春雨，道明寺粉，そうめん，ゴマなどを表面にまぶす	肉　類	180〜190	春雨揚げは35，道明寺粉やそうめんは12〜15
			魚介類	180〜190	
			野菜類	180〜190	

出典）中嶋加代子編著：調理学の基本 第4版，p.46，同文書院，2018

が速く失活し，栄養素の損失も少なく，表面に焦げ色もつかない。水分蒸発が大きいので加熱するときは食品の表面にラップフィルムなどを覆うとよい。ご飯や牛乳などの温めや冷凍食品の解凍，豆腐などの脱水に適している。

5）誘導加熱（IH：電磁誘導加熱）

機器自体は発熱せず，調理器のトッププレートの下にあるコイルに交流電流を流すと磁力線が発生し，この磁力線が鍋底を通過する時に誘導電流（渦電流）が起こり，鍋を電気抵抗体としてジュール熱が鍋底に発生し，鍋自体が発熱する加熱方法である。鍋自体が発熱するので熱効率がよく，火が発生しないので安全性も高い。鍋底は，ヒーターのトッププレートと接触している必要があるので，平底を用いる。材質は磁性のある鉄やステンレス鋼など制限があったが，最近は広範な金属を使用できる電磁調

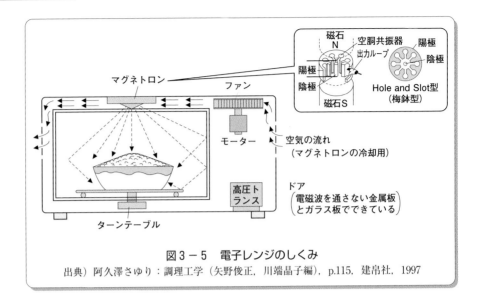

図 3 - 5　電子レンジのしくみ
出典）阿久澤さゆり：調理工学（矢野俊正，川端晶子編），p.115，建帛社，1997

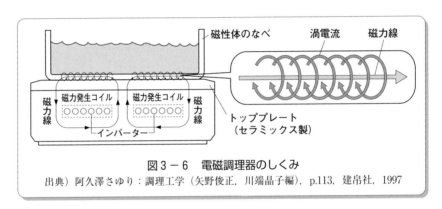

図 3 - 6　電磁調理器のしくみ
出典）阿久澤さゆり：調理工学（矢野俊正，川端晶子編），p.113，建帛社，1997

理器や多様なIH対応鍋が出回っている。温度管理がしやすいので，煮込みや揚げ物調理にも適している。電磁調理器のしくみは図 3 - 6 に示した。

4. 調理機器

4.1　調理機器の分類

　調理機器には，伝統的な用具から，最新の技術を用いた機器まで幅広い種類があり，昨今における食文化の多様化も相まって，使用目的に応じたそれらの選択・使い方が求められる。

　前節でも一部述べているが，加熱調理機器について表 3 -14に，調理過程で使われる調理機器について表 3 -15に主なものを一覧として示した。

表3−14　加熱調理機器の仕様別分類と用途

仕様別分類	調理機器名	沸かす ゆでる (boil)	煮る 煮込む	炊く	蒸す (steam)	焼く (*)	いためる (fry)	揚げる (deep-fry)	保温 温める 発酵させる	こねる 砕く 等 その他
熱源	ガス・電気こんろ	●	●	○	●	○	●	●	○	
	電磁調理器	●	●	○	●	○		●	○	
	電子レンジ	○	○	○	●	○			●	
	オーブン		○	○	○	●			○	
	トースター					●				
	ロースター，グリル					●				
複合	グリル付きこんろ	●	○	○	●	●	●	●		
	オーブンレンジ	○	○	○	●	●			●	
	トースターレンジ	○	○	○	●	●			●	
熱源内蔵	炊飯器			●	○					
	ホットプレート					●	●		○	
	グリル鍋，電気鍋		●		○	●	●	●	○	
	フライヤー							●		
複合	炊飯器			●	○				●	
	コーヒーメーカー	●							●	●
	もちつき機				●				●	●
	パン焼き器					●			●	●
受熱器	煮物鍋	●	●							
	スープ鍋，寸胴鍋	●	●				○			
	圧力鍋	○	●	●	●					
	土鍋，耐熱ガラス鍋		●	●					○	
	文化鍋，羽釜			●						
	蒸し器，せいろ				●					
	フライパン					●	●	○		
	中華鍋	○	○	○	○	○	●	●		
	てんぷら鍋						○	●		
	卵焼き器，焼き網					●				

注）●主用途　○用途
　＊bake, grill, griddle, toast, roast
出典）肥後温子，平野美那世編：調理機器総覧，pp.1〜9，食品資材研究会，1997

4.2　主な調理用器具

1）計　　測

　料理を再現性よくおいしくつくるためには，食品の重量，容積，調理操作時の温度，時間などを正確に計測することが不可欠である。

　重量：上皿自動天秤やデジタル表示の電子秤などがある。目的に合った秤（最大計量・最小目盛）を選択することが重要である。

表3－15　調理過程で使われる調理機器（物理的調理操作）

分　　類	機　器　名
洗浄用器具	洗いおけ，水切りかご，ざる，たわし類，ふきん，びん洗い，コップ洗い
浸漬用器具	ボール，バット
切砕・成形用器具	包丁（刺身，菜切り，出刃，フレンチ，スライサーなど），まな板，皮むき，卵切り，パイ切り，チーズ切り，細切り器，しん抜き，野菜抜き，ポテトカッター，料理ばさみ，かつお節削り，氷かき
混合・撹拌用器具	泡立て器，しゃくし，しゃもじ，へら，フライ返し類，ハンドミキサー，シェーカー
磨砕・粉砕用器具	おろし金，チーズおろし，すりばち，すりこぎ，ごますり器，ポテトマッシャー，ミンチ，ミキサー（ブレンダー），ジューサー，石うす
圧搾用器具	のばし棒（めん棒），のし板，肉たたき，押し枠，ライス型，菓子型，絞り出し，すだれ，卓上漬物器
ろ過用器具	裏ごし器，粉ふるい，みそこし，すいのう，こし器（スープこし，茶こし，油こし）
計量用器具	秤，計量カップ，計量スプーン，温度計，タイムスイッチ，時計
その他	缶切り，栓抜き

容量：液体や紛体の食品は容量で量ることが多い。容量には，計量スプーン（5 mL，15mL），計量カップ（200mL，500mL，1000mLなど）がある。同じ容量であっても食品の重さは異なるので注意が必要である。

温度：温度計には，アルコール温度計やデジタル温度計，食品内部の温度は中心温度計，直接食材に接触せずに表面温度を測定できる非接触型（放射）温度計などいろいろな種類があるので，温度測定の目的に応じて選択をする。

時間：時間の計測には，タイマーやストップウォッチを用いる。

2）包　　丁

　包丁の種類は，和包丁・洋包丁・中華包丁の3種類に大別される。包丁の種類と用途を表3－16に示した。刃のつき方により片刃と両刃があり，くさびの原理で食品を切る。押す力が同じでも両刃は左右対称に力がかかり，片刃は非対称に力が加わる。牛刀と菜切り包丁の長所を併せ持った三徳包丁は野菜や魚，肉にも万能であり家庭でよく使われている。包丁の材質は鋼，ステンレス，合金鋼，かたくて軽いファインセラミックスがある。

3）鍋　　類

　鍋は，厚さや形状によってそれぞれ特徴があり，適する使い方がある。また，鍋は，

表 3 −16　包丁の種類と用途

名 称		用 途	形 状	刃型
和包丁	菜切り	葉菜類，特に刻み用		両刃
	薄刃	だいこん，にんじん等，ややかたいものを切るのに適している。広く使用できる		片刃
	出刃	骨のかたい魚や大きめの魚のおろし，鶏のぶつ切り，骨切り等に用いる		片刃
	柳刃（刺身）	刺身，3枚おろし，はもの骨切りに用いられる（関西）		片刃
	たこ引き（刺身）	刺身，皮引き，桂むき等に使われる（関東）		片刃
洋包丁	牛刀	野菜切り，塊の肉切り，魚おろし，刺身等用途が広い		両刃・片刃
	ペティナイフ	果物やいもの皮むき，芽やへた取り，飾り切り等，細かい作業に適する		両刃・片刃
	三徳（万能）	牛刀と菜切りの利点を持つ包丁で，汎用性が高い		両刃
	サーモン切り	包丁の腹に凹凸がある		両刃
	冷凍用	刃がのこぎり状で冷凍食品を切ることができる		両刃
	パン切り	刃がウエーブ状である		片刃
中華包丁	菜刀（ツァイダオ）	薄刃と厚刃，刃先が角ばっているものと丸みがあるものがある。料理で分類すると分かれるが，和包丁の一種である		片刃

出典）西堀すき江編著：食育に役立つ調理学実習，建帛社，p.10，2007

　一般に金属で作られているが，これは鍋が高温に耐え，一定の強度があり，加工しやすい材質であることが必要であるためである。鍋の材質の特徴と用途を表3−17に示した。鍋の材質としては，アルミニウムの使用が多い。アルミニウムは熱伝導率が高く，加工しやすく，軽いが，酸や塩分に弱いので，食品によっては使用が適さないものがある。この欠点を補うためにアルミニウムの表面に酸化被膜を作ったものがアルマイトである。また，鉄も多く使われるが，さびやすい。ステンレスは，さびにくいが熱の伝わり方がよくないため焦げつきやすい。アルミニウムや鉄の表面にフッ素樹脂を塗装して，焦げつきを防止しているフライパンもある。

表３−17　鍋の材質による特性と用途

鍋の材質		基本特性			付属特性				用　途							備　考
		軽く扱いやすい	熱伝導がよい	保温性がよい	割れにくい	傷つきにくい	さびにくい	焦げつきにくい	直火・強火で使用	高温調理に適する	長時間調理に適する	短時間調理に適する	オーブンで使用	電磁調理器で使用	電子レンジで使用	
金属	アルミニウム	◎	◎	◪	◎	△	△	△	○	○	○	△	△	◪	■	
	アルミ合金鋳物	○	○	○	◎	△	△	△	○	△	◪	◎	△	◪	■	
	鉄	◪	△	△	◎	○	■	△	◎	◎	○	◎	◎	◎	■	
	鉄鋳物	■	△	○	◎	○	■	△	◎	◎	◎	△	○	◎	■	
	ステンレス	◪	■	○	◎	△	◎	■	◎	◎	△	○	○	○	■	磁性なしは電磁調理器使用不可
	銅	◪	◎	◪	○	○	■	○	◎	◎	△	◎	△	■	■	高価である
	チタンと合金	○	◪	◪	◎	○	◎	△	◎	◎	○	◎	○	■	■	高価である
金属加工品	アルマイト	○	△	△	◎	△	○	△	○	△	△	◎	△	◪	■	
	フッ素樹脂表面加工品	△	△	○	◎	■	○	◎	◪	■	△	△	△	◪	■	傷つけない注意が必要
	ホーロー	◪	◪	○	◪	◎	◎	△	◎	◪	◎	△	◎	△	■	
	ステンレス合板	■	△	△	◎	△	◎	△	◎	△	◎	○	△	○	■	やや欠けやすい
セラミック	超耐熱ガラス	■	■	◎	◪	○	◎	○	○	■	○	○	○	■	◎	
	耐熱ガラス	■	■	◎	■	○	◎	○	■	■	○	○	■	■	◎	直火で割れることがある
	耐熱陶磁器	■	■	◎	■	○	◎	◪	■	■	○	○	◪	■	◎	
	土鍋	■	■	◎	■	○	◎	◪	■	■	○	○	■	■	○	

（◎：最適　　○：適　　△：普通，基本的に可　　◪：やや不適　　■：不適）

出典）平野美那世：鍋のいろいろと調理，日本調理科学会誌，31(1)，p.65，1998を一部改変

５．調理システム

　　集団給食施設やレストラン，ホテル等では，従来は厨房にある設備や道具の範囲内で調理操作を考え，食材の下処理から配食まで連続して行い，速やかに提供する調理方式（クックサーブシステム）で行われていた。**新調理システム**は，大量調理などの調理の効率性と経済性などを考慮してクックサーブに加えクックチル，クックフリーズ，真空調理，ニュークックチルなどを導入し，おいしさと衛生面で安全性を高めた調理工程である。図３−７に各調理システムの基本工程例を示した。

５.１　厨房設備
（１）厨房設備の種類
　　厨房には，調理操作が効率よく行われ，衛生的で安全に作業ができる環境が必要である。基本的な設備として，給排水設備，加熱設備，調理台，収納設備の設備が必要である。

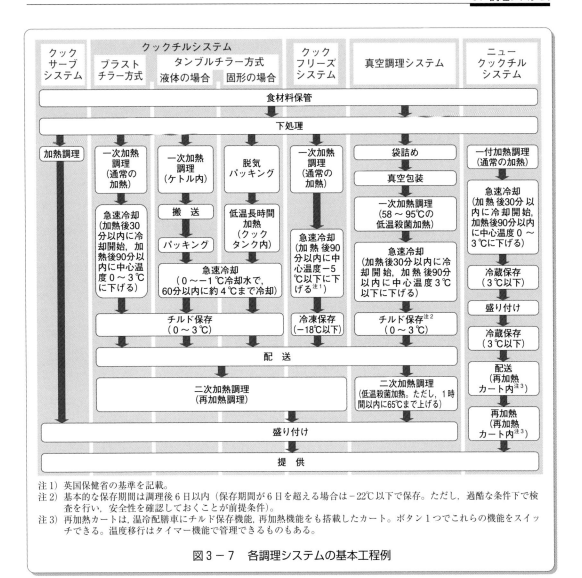

図3－7　各調理システムの基本工程例

注1）英国保健省の基準を記載。
注2）基本的な保存期間は調理後6日以内（保存期間が6日を超える場合は－22℃以下で保存。ただし，過酷な条件下で検査を行い，安全性を確認しておくことが前提条件）。
注3）再加熱カートは，温冷配膳車にチルド保存機能，再加熱機能をも搭載したカート。ボタン1つでこれらの機能をスイッチできる。温度移行はタイマー機能で管理できるものもある。

1）給排水設備

　厨房の流しには給水および排水の配管が取り付けられ，給水には水道水の利用が多いが，安全な水を使用し，排水は衛生的で便利でなければならない。シンクの材質はステンレスが多く，耐熱性・耐久性・耐摩耗性に優れ，衛生的で手入れも簡単である。シンクの深さは，200〜300mmのものが多い。

2）加 熱 設 備

　加熱設備はガスコンロが主流であるが，電磁調理器や電気コンロも用いられている。レンジにグリルやオーブン，電子レンジが組み込まれたものもある。電磁調理器は火災などに対する安全性から，集合住宅や高齢者などの利用に着目されていたが，掃除の簡便性や室温上昇しにくいなどの利便性から一般家庭にも普及してきた。その他の

種々の電気加熱機器も用いられるので，安全な電気容量やコンセントの配置が必要である。

3）調 理 台

調理台は，調理作業台，盛り付け，配膳台として広く使われる。材質は清潔で扱いやすいステンレスが多く使われている。作業動線から調理台はシンクと加熱設備の間に配置されることが多い。調理台の高さは，人間工学的には〔身長÷2＋5cm〕が疲れない高さの目安となっている。

4）収 納 整 備

食器類，調理器具，食品保存庫など，清潔で整理しやすい収納庫，食品庫を設置することが望ましい。食品の保存や冷却には，冷蔵庫・冷凍庫は必須の設備である。

（2）クックチルシステム

クックチルシステムは，一次加熱調理後に急速冷却（90分以内に中心温度を3℃以下に冷却）した料理を0～3℃のチルド状態で保存して，再加熱して提供するシステムである。一次加熱調理後の冷却方法に違いによってブラストチラー方式とタンブルチラー方式の2種類に分類される。

ブラストチラー方式は，一次加熱調理品をホテルパンなどに入れてブラストチラー（冷風）に入れ，中心温度を0～3℃に下げ，チルド保存するものである。保存期間は5日間が限度である。**タンブルチラー方式**は，一次加熱調理品をパッキングし，タンブルチラー（水冷）に入れ，約4℃まで下げ，チルド保存するものである。タンブルチラー方式は，衛生管理が徹底しやすく，保存期間は，20～45日間である。いずれも再加熱調理を行い提供する。さらに近年では，**ニュークックチルシステム**が開発されている。これは，加熱調理品を急速冷却し，チルド保存後にチルド状態のまま専用容器に盛り付け，冷蔵保存し，提供前にカート内で再加熱するシステムである。

5.2　真 空 調 理

真空調理は，食品を生または下処理したものを調味液と一緒に専用のフィルムに入れ，真空包装したのちに，たんぱく質食品は70℃以下，野菜類は90～95℃の低温で加熱調理する。これが，"低温調理"と呼ばれる理由である。加熱調理後，直ちに急速冷却し，0～3℃で冷蔵保存し，喫食時に再加熱する。調味を含めたすべての調理が真空パック中で行われる。肉類や魚介類の場合，一般に加熱凝固開始温度が62℃，分水作用開始温度が68℃であるため，真空調理で用いる加熱温度帯では，たんぱく質の凝固はあっても，コラーゲンの分解が促進して，肉質がやわらかく，ジューシーでうま味をはじめとした風味を逃がさず調理することが可能で，従来の加熱法とは異なった仕上がりが得られる。ただし，低温加熱であるため，一部の食中毒菌の残存が危惧され，厳密な衛生管理が求められる。

６．調理エネルギー

　日本のエネルギー消費の構成比は，2016（平成28）年度において，企業・事業所などが62.2％，運輸部門が23.4％，家庭部門は14.4％である。家庭でのエネルギーの消費は，生活の利便性や快適性を追求する国民のライフスタイルの変化，世帯数の増加などの社会構造的な変化の影響を受け，個人消費の伸びと共に著しく増加した。

　図３−８に，家庭部門におけるエネルギー源別消費量の推移を示した。日本の高度成長が始まったとされる1965（昭和40）年頃までは，家庭部門のエネルギー消費は石炭が1/3以上を占めていたが，その後，主に石油に代替され，1973（昭和48）年度には石炭は6.1％まで減った。この時点では灯油・電気・ガス（都市ガスとプロパンガス）が、それぞれ1/3ずつであったが，その後，新たな家電製品の普及，大型化・多機能化等によって，電気のシェアは大幅に増加した。また，家庭内で用いるすべてのエネルギーを電気に統一した住宅（オール電化住宅）の普及や拡大もあり，2015（平成27）年度には始めて50％を超え，2016年度は50.6％になった。

６.１　ガ　　ス

　ガスは，調理用熱源としては消費量が最も多い。地下に埋設された配管によって供給される都市ガスと，ボンベで配送されるプロパンガス（LPガス）がある。都市ガスは近年，液化天然ガス（LNG）が主に使われている。

６.２　電　　気

　電気は調理関係の熱源として，また，冷蔵庫やミキサーなどのモーターを回転させる動力源として広く利用されている。国内で家庭に配電されている電圧は交流100Vであるが，電磁調理器の普及やオール電化住宅の出現により，200V回線をひく家庭も増えている。周波数は静岡県の富士川と新潟県の糸魚川を結ぶ線を境に，西は60Hz，東

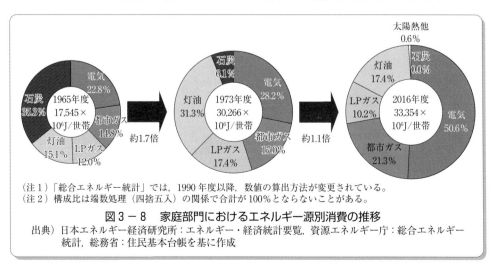

（注１）「総合エネルギー統計」では，1990年度以降，数値の算出方法が変更されている。
（注２）構成比は端数処理（四捨五入）の関係で合計が100％とならないことがある。

図３−８　家庭部門におけるエネルギー源別消費の推移

　出典）日本エネルギー経済研究所：エネルギー・経済統計要覧，資源エネルギー庁：総合エネルギー
　　　　統計，総務省：住民基本台帳を基に作成

は50Hzとなっており，ヒーター以外の器具は周波数の指定を確認する必要がある。

各種燃料の標準発熱量を表3−18に示す。また，調理エネルギーとしてのガスと電気には，それぞれ長所と短所があり，比較して表3−19にまとめた。

表3−18　各種燃料の標準発熱量

燃　　料		発　熱　量
固　　体	石炭	25.28 MJ/kg
	コークス	29.18 MJ/kg
	練豆炭	23.90 MJ/kg
液　　体	石油原油	38.28 MJ/l
	ガソリン	33.37 MJ/l
	灯油	36.49 MJ/l
気　　体	都市ガス（13A・12A）	41.21 MJ/m^3
	プロパンガス（LPG）	50.06 MJ/kg
	輸入天然ガス（LNG）	54.48 MJ/kg
（参考）	電力	9.484 MJ/kWh

出典）資源エネルギー庁総務課：エネルギー源別標準発熱量一覧表，2018

表3−19　ガスと電気の長所・短所

	長　　所	短　　所
ガス	・着火後の温度の立ち上がりが速い ・最高温度が高い（都市ガスで約1,700〜1,900℃） ・エネルギー単価が比較的安い ・火力調節が簡単 ・燃えかすが残らない	・ガスの種類によっては，漏れると有毒 ・ガス漏れによる爆発の危険がある
電気	・感電・漏電以外には火災の心配がない ・換気の必要がない ・各種の自動調節が可能	・エネルギー単価が高い ・最高温度がガスより低い ・着火後の温度の立ち上がりが遅い ・温度調節が緩慢 ・消費電力の高い器具が多い（電気容量にゆとりが必要） ・電気の使い過ぎに注意が必要

文　献

●参考文献
日本調理科学会監修，渋川祥子著：加熱上手はお料理上手，建帛社，2009

第 4 章

食品の調理特性

食品素材には，栄養特性，嗜好特性に加えて生体調節機能を持つ成分が含まれている。これらの成分は，調理操作を加えることによって化学的・物理的・組織的に変化する。食品素材のそれぞれの成分が調理過程でどのように変化するかを理解して，好ましい食べ物をつくり出すための適切な調理条件を見つけることが大切である。調理中の様々な操作が食品素材の栄養，品質，嗜好および生理機能を向上させ，食べ物としての価値を高める。

本章では，個々の食品の調理特性を把握し，健康的でおいしい料理をつくるための基礎知識を身につけることを目的にしている。まず食品素材の種類と特性，構造や組織，栄養成分や機能性成分の知識を学ぶとともに，各種調理操作中に起こる様々な変化についても理解する。

1. 植物性食品の調理特性

1.1 穀 類

(1) 穀類の種類と栄養特性

穀類は，収穫量が安定しており長期保存に適していることから，世界各国で栽培され，米，小麦，とうもろこしは世界三大穀物といわれている。通常，米は精白して炊飯し，小麦は粉に挽き，パンやめん類などに加工され，主食となる。その他の穀類には大麦，えんばく，ライ麦，あわ，ひえ，きび，キヌア，アマランサス，そばなどがある。日本では古くから，米，麦，あわ，きび（またはひえ），豆を五穀と称し主要穀物として扱ってきた。米，麦（小麦，大麦）以外の雑穀と呼ばれる穀物には，精白米や小麦粉に不足しがちな各種ビタミン，ミネラル，食物繊維などが豊富に含まれており，主食にも取り入れられている。

栄養特性としては，穀類はでんぷんを約70％，たんぱく質を約10％含み，主要なエネルギー源となっている。

(2) 米

1) 米の種類と特徴

① 種 類

米の種類は，粒が細長い**インディカ種**（indica）と，粒が短く丸みのある**ジャポニカ種**（japonica）に大別される。日本人が主に食べているのはジャポニカ米で，パサパサ

しているインディカ米に比べて粘りがある。

　また，米はでんぷんを構成する**アミロース**と**アミロペクチン**の比率により，うるち米ともち米に分けられる。**うるち米**はアミロースとアミロペクチンの比率がほぼ2：8であるのに対して，**もち米**はほぼアミロペクチンのみで構成されており，この違いが調理法や炊き上がりの状態に影響を与える。

　でんぷんはα-D-グルコースが多数結合した高分子化合物であるが，結合様式によってアミロースとアミロペクチンに分けられる。アミロースは，グルコースがα-1, 4グリコシド結合により鎖状に長く数百個結合したもので，6個のグルコースで一巻きするらせん構造をしている。アミロペクチンはアミロースのところどころが，α-1, 6結合で枝分かれした多糖で房状構造をしていると考えられている。大きいものではグルコースが数万個からなる巨大分子で，アミロースよりはるかに結合数が多い。

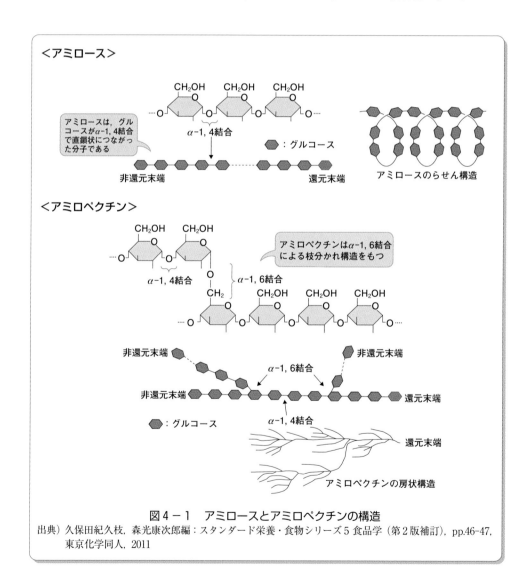

図4－1　アミロースとアミロペクチンの構造

出典）久保田紀久枝，森光康次郎編：スタンダード栄養・食物シリーズ5 食品学（第2版補訂），pp.46-47，東京化学同人，2011

従来のうるち米，もち米とは異なった形質（成分・外観・色・形・大きさなど）を持った米や，血圧を下げる働きのあるGABA（γ-アミノ酪酸）を多く含んだ**発芽玄米**など，新しい機能を備えた米も登場している。また，従来の炊飯過程の省力化を可能にした米も開発されている。精白米表面に付着した糠（肌糠）を取り除いた**無洗米**は洗米が不要であり，洗米による排水処理の軽減化，水溶性栄養成分の損失防止などの利点がある。**早炊き米**は洗米，浸漬，蒸らし工程を省略でき，加水後炊飯時間を12～20分間に短縮して炊き上げることができる。非常食用の米としては，炊いた飯をすぐに乾燥した**アルファー（α）化米**があり，保存性が高い上，洗米や浸漬が不要で，水や湯を加えるだけで簡便に調理することができる。

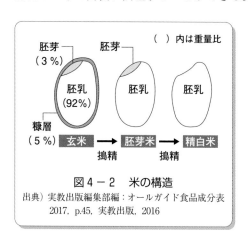

図４−２　米の構造
出典）実教出版編集部編：オールガイド食品成分表
2017，p.45，実教出版，2016

表４−１　搗精による米の歩留まり

種類	歩留まり
玄米	100
半つき米	94.7～96.1
七分つき米	92.1～93.9
精白米	90.4～91.0

出典）実教出版編集部編：オールガイド食
品成分表2017，p.45，実教出版，2016
より一部抜粋

② 構　　　造

米は，胚乳，胚芽，糠層から構成されている（図４−２）。精製の段階により，表皮に当たるもみ殻だけを取り除き糠と胚芽を残した「玄米」，胚芽を残した「胚芽精米」，糠層をある程度残した「分づき米」，胚乳だけの「精白米」に分けられる。玄米から糠層を取り除くことを搗精という（表４−１）。

③ 成　　　分

米の炭水化物含量は，精白米で約78%，玄米で約74%であり，その大部分はでんぷんである。炊飯によって，生でんぷん（β-でんぷん）を消化のよい糊化でんぷん（α-でんぷん）にして食している（糊化，老化についてはp.129，130参照）。

米のたんぱく質は植物性たんぱく質の中では良質とされているが，必須アミノ酸の**リジン**が少なく，トリプトファンやメチオニンも少ない。玄米には，ビタミンB₁，ビタミンE，鉄，食物繊維なども含まれているが，ビタミンB₁，ビタミンEは胚芽に多く含まれるため，胚乳だけの精白米には，これらビタミン類は少ない。

２）米の調理特性

① うるち米

(1) 炊　飯

水分約15%の生米に水を加えて加熱し，水分約65%の飯にする調理過程を炊飯という。炊飯は，洗米，加水，浸漬，加熱，蒸らしの５つの操作から成り立っており，最終的には完全に遊離の水がなくなるように仕上げる調理法である。おいしく炊き上が

った飯は，米重量の2.1～2.3倍である。

　　洗　米：米の表面に付着しているごみや糠を水で洗い流す。洗米中に急激に吸水するので，糠が含まれた水を吸わないよう手早く水を交換しながら洗う。洗米中に米重量の約10％の水が吸収される。

　　加水・浸漬：炊き上がりの水分および蒸発量を考慮し，米重量の1.5倍（米体積の1.2倍）の水を加える。浸漬する水の温度が低いと米の吸水速度は遅くなる。5～30℃くらいであれば約2時間で飽和状態（水分約25％）となる。浸漬後，30分間に急速に吸水するため，最低30分間は浸漬する。一般的に新米は胚乳がやわらかいため加水量は控えめにし，組織がかたくなっている古米などには多めに加水する。ただし，無洗米は肌糠を研ぎ洗いして流さない分，精白米より米の正味量は多くなるため，加水量を多くする。

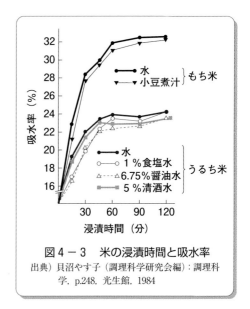

図4－3　米の浸漬時間と吸水率

出典）貝沼やす子（調理科学研究会編）：調理科学，p.248，光生館，1984

　　加　熱：

　【温度上昇期】米はさらに吸水し，60℃付近で糊化が開始される。この時期に米粒内の酵素アミラーゼ群やグルコシダーゼが作用することで，飯の呈味成分となる糖，特にグルコースがでんぷんから生成され甘味を呈する。100℃までの時間は10分程度が望ましい。大量炊飯では，この時間が長くなり過ぎないよう，あらかじめ沸騰させた炊き水に米を入れて再沸騰させ鍋内の温度むらを少なくする**湯炊き法**が用いられる。

　【沸騰期】100℃に達して水分が対流する程度の火加減で5分程度煮て，でんぷんの糊化を進める。米の吸水・膨潤と蒸発により水分が少なくなり，米は動かなくなる。

　【蒸し煮期】弱火で15分くらい高温を保ち，沸騰期と合わせ約20分間100℃近くを保つようにする。水蒸気により蒸す状態となり，この間に，でんぷんの糊化がほぼ完了し，焼きしめが起こり香りも生成する。消火の直前に10秒くら

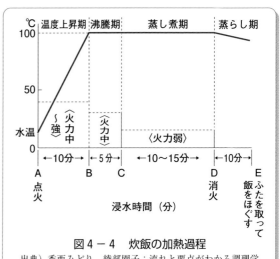

図4－4　炊飯の加熱過程

出典）香西みどり，綾部園子：流れと要点がわかる調理学実習（第2版），p.29，光生館，2017

い強火にし，米粒の外に残っている水分をとばす。

【蒸らし期】加熱終了後10分くらいは，そのままの状態でできるだけ高温を保つ。飯表面の水分が内部へ吸収され，内部の水分も均一となる。蒸らし後，全体を混ぜて表面に残っている水分をとばす。

(2) か ゆ

かゆ（粥）は，通常の飯に比べて加水量を増やし（5～20倍），時間をかけてやわらかく炊いたものである。洗米，浸漬，沸騰が持続する程度の火加減で50分くらい加熱する。加熱初期は強火で焦げつか

表4－2　かゆ（粥）の種類と名称

粥一般名称	仕上がり倍率（倍）	望ましい粥表現	通常調理での加水量(容量)	
			米	水
全　粥	5	5倍粥	1	5
七分粥	7	7倍粥	1	7
五分粥	10	10倍粥	1	10
三分粥	20	20倍粥	1	20

出典）柳沢幸江，柴田圭子編：調理学—健康・栄養・調理—，p.48，アイ・ケイコーポレーション，2016

ないように混ぜ，沸騰後は弱火で，粘りを出さないためにできるだけかき混ぜない。

(3) 炊き込み飯

米に調味料や具材を加えて炊いたものを，炊き込み飯という。具の主材料により五目飯（かやく飯），鶏飯，あさり飯，菜飯，しめじ飯などがあり，たけのこご飯，栗ご飯など季節の食材を用いることもある。

塩分は，米重量に対して1.5％あるいは炊き水の1％を加えると，炊き上がり飯（米重量×2.1～2.3倍＋具材重量）の0.6～0.7％となる。清酒を加水量の5％添加することで風味を増す。しょうゆや食塩は吸水を阻害するため，炊き水に一定時間浸漬した後（加熱直前）に調味料は加える。しょうゆや酒などの液体調味料を添加して炊飯する場合は，これら調味料が水分としても機能するので，加水量から液体調味料の分量の水を差し引いて加水する。

(4) 炒め飯

炒め飯には，米を炒めてから炊く**ピラフ**と，飯を炒める**チャーハン**がある。ピラフは洗米後，水気を切り，米重量の3～7％程度の油脂を加えて炒め，熱いスープストックを加えて炊く。米を油脂で炒めると米粒表面の組織が損傷し，米粒表面の糊化が進む。また，油脂がでんぷんの糊化に必要な水の通過を防ぐため，米中心部への吸水や熱の浸透が遅れ，芯のあるかたい飯になりやすい。チャーハンは，かために炊いた飯を冷ました後，高温で炒め，粘りを出さないように仕上げる。炒める際の油脂は，飯重量の5～8％程度である。

(5) すし飯

すし飯は，白飯に合わせ酢を混ぜてつくる。合わせ酢の分量を減じた加水量（通常，米重量の約1.3倍，米体積の約1.1倍）で炊き，蒸らし時間は白飯の半分（5分程度）にし，熱いうちに合わせ酢を振り入れ，粘りを出さないように切るように手早く混ぜ合わせる。余分な水分を蒸発させ，つやを出すためにあおいで急冷する。

②　も　ち　米

もち米のでんぷんはアミロペクチンのみからなり，膨潤しやすく，加熱すると強い粘りを生じる。

（1）こわ飯（強飯）

もち米は，うるち米に比べて吸水性が大きいため，十分浸漬してから水切りをして蒸す。程よいかたさに仕上げるためには，浸漬による吸水量では不足のため，**振り水**を2～3回行って調節する。でき上がり重量は米の1.6～1.9倍と，うるち米の飯より水分は少ない。赤飯は，渋切りしたあずきやささげのゆで汁に米を浸漬し，振り水にもゆで汁を使用して色を移す。

（2）も　ち

もち米を浸漬してから蒸したものを，つく・こねるなどの操作で組織を壊して粘りのある状態にして成形する。放置時間が長くなると，でんぷんは老化するが，焼く，煮るなどの再加熱によりでんぷんが糊化するので，保存食としても利用される。

③　米　　　粉

うるち米，もち米は，それぞれ生のまま，もしくは一度糊化させてから粉に挽いて，和菓子や米菓の材料に使われてきた（図4-5）。米でんぷんの構造の違いが米粉の調理特性にも反映される。米粉は粉同士がくっつきにくくダマになりにくい上，粉を振るう必要がなく溶けやすいので，軽い歯ざわりを付与するためにクッキーや揚げ衣に利用されることもある。米の需要拡大や小麦アレルギーへの対応として，小麦粉に置き換えての利用が広がりつつある。

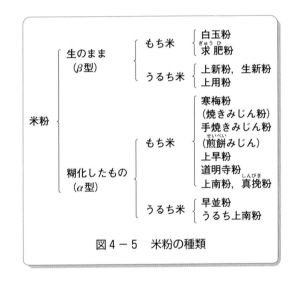

図4-5　米粉の種類

うるち米の米粉：うるち米を水洗し，乾燥して細かく砕いたものを新粉，さらに細かいものを**上新粉**（上用粉）といい，団子や柏餅，ういろう，めん，せんべいなどに利用される。上新粉（新粉）は，水を加えてこねてもまとまりにくく，団子などにする際には，熱湯を加え，できた一部の糊化でんぷんをつなぎとして用いてまとめる。

もち米の米粉：もち米を生のまま粉にしたものに**白玉粉**，もち粉がある。もち米を蒸して乾燥させ粗く砕いたものが**道明寺粉**であり，それを細かく粉砕したものをみじん粉，真挽粉という。白玉粉を団子にするには，水でこねて団子にしてから加熱する。熱湯を用いると表層だけ膨潤糊化して内部に水が浸透しない。求肥は，白玉粉に倍量

の水を加えて加熱し，粉と同量の砂糖を加えたもので，砂糖を多く含むため，保存性が高い。

（3）小 麦 粉

1）小麦粉の種類と特徴

小麦は皮部，胚芽，胚乳からなっているが，外皮はかたく胚乳部はやわらかい。粒の中央部が陥入しているため，粒食ができず，粉砕により胚乳部を分離し小麦粉に加工して用いる。

① 種　　類

イネ科小麦属の栽培種の中で，小麦粉の原料となるほとんどは普通系の普通小麦（パン小麦〔パン・めん・菓子など〕）である。その他にクラブ小麦（高級菓子など）や二粒系のデュラム小麦（パスタなど）がある。

小麦粉の種類は原料の小麦の生産地における栽培環境のちがいにより，たんぱく質の含量に差が生じて性質や用途も異なり（表4－3），調理時には小麦粉の粒度や水分含量も影響を与える。一般には，たんぱく質含量の高いものから強力粉，中力粉，薄力粉に分類され，灰分の少ない方から1等粉，2等粉，3等粉，末粉と等級付けされている。市販の家庭用小麦粉は，ほとんどが薄力粉と強力粉の1等粉である。

② 成　　分

小麦粉の主成分は70～75%を占める炭水化物であるが，小麦粉の性質を決定づけるのは6～14%含まれるたんぱく質である。たんぱく質はグリアジンとグルテニンを含み，水を加えてこねると粘弾性の強いグルテンを形成する。このグルテンの存在が小麦粉特有の調理性となっている。小麦粉中には微量の脂質が含まれ，グルテンの粘弾性にも関与する。また，小麦粉中にはフラボノイド系色素が存在する。中華めんは使用されるアルカリ性のかん水により，この色素が黄変して，めんの色が黄色を呈する。

2）小麦粉の調理特性

小麦粉を利用する主な成分と調理の関係を表4－4に示した。

表4－3　小麦粉の分類と用途

分　類	たんぱく質含量（%）	グルテンの質	粒　　度	主　な　用　途
薄　力　粉	7.0～8.5	軟　　　弱	細　　か　　い	ケーキ，クッキー，天ぷらの衣など
中　力　粉	8.5～10.5	軟	やや細かい	うどん，そうめん，フランスパンなど
準強力粉	10.5～11.5	や　や　強	や　や　粗　い	中華めん，菓子パンなど
強　力　粉	11.5～13.5	強　　　靱	粗　　　い	食パン，麩など
デュラム粉	11.5～12.5	柔　　　軟	きわめて粗い	マカロニ，スパゲティ

注）原料こむぎ粒はほとんどがアメリカおよびカナダ産である。種皮の色によって，ダーク（濃赤），レッド（赤），アンバー（琥珀），ホワイト（白）に分類される。

表4−4　小麦粉の調理用途と利用される主成分

利用する主成分	主な調理性	調理の例
グルテン	粘弾性，伸展性，可塑性	めん，ぎょうざ，わんたん，しゅうまいの皮
	スポンジ状組織をつくる性質（粘弾性，伸展性も含む）	パン，発酵まんじゅうの皮
でんぷんが主グルテンが副	スポンジ状組織をつくる性質	スポンジケーキ，揚げ物の衣
	濃度（とろみ）をつける	スープ，ソース類
	接着性（つなぎ力）	ひき肉，すり身のつなぎ
	水分吸着性，小麦粉被膜	フライ，から揚げ

① グルテン形成

　小麦粉に50〜60％の水分を加えてこね，水の中でもみながらでんぷんを洗い流すと粘弾性のある塊（グルテン）が得られる。グルテンの主成分は，水に不溶の2種類のたんぱく質，すなわちかたいゴムのような弾力を示すグルテニンと，流動性のあるネバネバした性質のグリアジンである。分子内のS-S結合が他のSH基と交換反応し，分子間のS-S結合が増加して，三次元の網目構造を形成する。その結果，グルテンに強い粘弾性をもたらす。このグルテンの粘弾性は，こねたりねかせたりしている間に生じる。図4−6にグルテンの網目構造の模式図を示した。

② 小麦粉生地

　小麦粉に水を加えて混合した小麦粉生地は，小麦粉と水の割合とこね方によりドウ（dough）とバッター（batter）に分けられる。

(1) ド　ウ

　小麦粉に約50％の水を加えてこねると，粘弾性のある塊となる。これを**ドウ**という。小麦粉のたんぱく質が吸水膨潤し，機械的な刺激により粘弾性が増したグルテンの網目構造中に吸水したでんぷん粒子を抱き込んでいる。こねた直後はこしが強過ぎるが，一定時間休ませる（ねかせる）と小麦粉中のプロテアーゼやアミラーゼが作用して伸びやすくなる。

グルテニン　　グリアジン　　グルテン

図4−6　グルテンの網目構造模式図
出典）Huebner, F. R. : *Baker's Dig.*, **51**, 154（1997）

表4－5　小麦粉ドウの物性に及ぼす副材料の影響

	副　材　料	小麦粉たんぱく質への影響	ドウの仕上がりの状態	調　理　の　例
硬化	食　　　　塩	グルテンのこしを強くする	こしが強くなる	パン，めん
	アスコルビン酸（ビタミンC）	グルテンの形成を促進する		パン
	カルシウム塩マグネシウム塩	グルテンのこしを強くする		パン
軟化	レ　モ　ン　汁食　　　　酢	グルテニンとグリアジンを溶けやすくする	グルテンがやわらかくなり，生地が伸びやすくなる	折り込みパイシュトゥルーデル
	アルコール類	グリアジンを溶けやすくする		
	サ　ラ　ダ　油	グルテンの伸展性をよくする		
弱化	バ　　タ　　ーマ　ー　ガ　リ　ンショートニング	グルテンの網目構造ができるのを阻止する	ドウのこしが弱くなり，もろくなる	練り込みパイクッキー

出典）河田昌子：お菓子「こつ」の科学，p.23，柴田書店，1987に一部加筆

　強力粉でつくったドウでは，強じんなグルテンが多く形成されるが，薄力粉ではグルテン生成量が少なく粘弾性は弱い。一定量の水を加える場合，全部を一度に加えて混ぜるより，少しずつ加える方がグルテンの形成はよくなる。グルテンは，30℃前後が形成しやすい。また，加熱すると70℃付近までは粘弾性を保つが，75℃を超えると熱変性のため凝固し粘弾性を失う。このグルテンの熱変性が，小麦粉製品の加熱による組織の固定に関係している。

　さらに，でんぷんは80℃近くで粘性を生じ，糊化して組織の骨格をつくる。調理の種類により適した加熱条件は異なるが，一般に80℃まで昇温するのにゆっくり時間をかけた方が，膨化状態はよくなる。膨化には生地のpHも影響し，pHが低い場合はきめは細かくなり，高い場合は粗い組織となる。

　また，副材料を添加するタイミングがグルテン形成に影響を与える。すなわち，小麦粉にあらかじめ砂糖や油脂を混合した後に水を加えるとグルテン形成は阻害されるが，グルテンを十分に形成させた後に砂糖や油脂を加えてもグルテン形成は抑制されない。小麦粉ドウの物性に及ぼす主な副材料の影響を表4－5に示した。

(2) バッター

　バッターとは，小麦粉に水，牛乳，卵，砂糖などを加えて撹拌した流動性の高い生地で，小麦粉に対して1～4倍程度の水分量となる。水以外の添加物は，換水率から添加量を換算して加える。生地をやわらかくする作用の強さを，水を100とした割合で示したものが換水値（％）（換水率）である（表4－6）。水の代わりに，牛乳や卵を多く利用するときの目安にすると，目的に適したかたさの生地を得られる。天ぷらの衣やスポンジケーキ，クレープ用などのケーキバッターがある。

③　膨化性を利用した調理

　小麦粉生地を膨化させて多孔質にすると，食感や色，風味などが向上する。パンやスポンジケーキなどのやわらかい食品では，弾力性，口当たり，かたさなどのテクスチャーが評価され，クッキーでは**ショートネス**（もろく砕ける性質〔p.127参照〕）が評価される。表4-7に，膨化の原理にしたがって膨化調理を分類したものを示す。

表4-6　副材料の換水値

材料	水分（%）	換水値（%）
水		100
牛乳	88.0	90
卵	74.7	80～85
バター	16.3	70～80
砂糖	0.8	30～40

出典）藤沢和恵・南廣子編著：現代調理学，p.67，医歯薬出版，2001

（1）生物的膨化

　イーストが発生する二酸化炭素（CO_2）によって膨化させる方法である。イーストの発酵活動による内部からの強い圧力を，強力粉に水を加えて練ってつくり上げた強じんなグルテンが受け止めて膨化する。

（2）化学的膨化

　化学膨化剤（食品添加物では膨化剤という）を用いて膨らませる方法である。ベーキングパウダーなどの化学膨化剤から発生するCO_2で膨化させるものには蒸しパン，ホットケーキなどがある。ベーキングパウダーは，ガス発生基剤（炭酸水素ナトリウム）に酸性剤（ガス発生促進剤）と緩和剤（主にでんぷん）が混合されている。炭酸水素ナトリウム単独ではガス発生効力が低く，生地にアルカリ味や臭いが残り，小麦粉のフラボノイド系色素が黄色化する。酸性剤を配合することでガス発生効率が高まり，生地の黄変を防ぐことができる。図4-7に化学膨化剤によるガス発生反応を示した。

表4-7　糊化調理の分類

膨化の原理		生地の状態	調理の例
生物的膨化	微生物によるガスの発生	イーストを添加して発酵させた生地	パン，中華まんじゅう，ピザ，サバラン
化学的膨化	膨化剤によるガスの発生	炭酸水素ナトリウム（重曹），ベーキングパウダー，イスパタ*などを添加した生地	ドーナツ，クッキー，ケーキ類，まんじゅう
物理的膨化	気泡の熱膨張	卵白，全卵，やまのいもなどを泡立てて，気泡を混ぜ込んだ生地	スフレ，スポンジケーキ，かるかん
		バターを泡立てて，気泡を混ぜ込んだ生地	バターケーキ，ソフトクッキー
	水分の気化	大量の水分を混ぜ込んだ生地	シュー生地
		バターを薄い層状に折り込んだ生地	折り込みパイ

＊炭酸水素ナトリウムと塩化アンモニウムなどを混合したもので，効率よく反応して，炭酸ガスとアンモニアガスを発生する。

出典）河田昌子：お菓子「こつ」の科学，p.195，柴田書店，1987に一部加筆

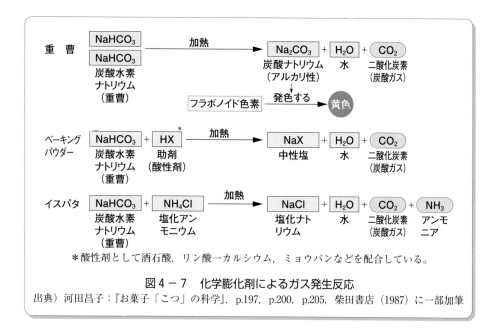

図4－7　化学膨化剤によるガス発生反応

出典）河田昌子：『お菓子「こつ」の科学』，p.197，p.200，p.205，柴田書店（1987）に一部加筆

(3) 物理的膨化

気泡による膨化：卵白，全卵，やまのいも（とろろ）などを泡立てて，生地に混ぜ込んだ気泡の熱膨張と生地の水蒸気圧を利用して膨化するもので，イーストや化学膨化剤による膨圧に比べると弱い。スフレ，スポンジケーキ，かるかんなどがある。

水分の気化による膨化：シュー生地は，生地内に発生する強い蒸気圧でキャベツ状に膨化し，内部に大きな空洞ができる。第1加熱（生地が78℃になったら消火）によって，小麦粉中のグルテンの大部分が失活し，でんぷんが糊化して粘性の生じたペーストで，第2加熱（200℃）での大きな膨圧を受け止める。

また，折り込みパイでは，薄く伸ばされたドウと油脂層の繰り返しによってつくられた積層構造を持つ生地が，加熱されることによって油脂が溶けてドウに吸収され，その空間に充満した生地からの水の蒸気圧とドウの間の熱膨潤でドウの薄層が浮き上がる。脂肪はショートネス（もろく砕ける性質）も与える。

④ 粘性を利用した調理

(1) ルウ（roux）

ルウは薄力粉を油脂で炒めたもので，ソースに濃度と滑らかさを与える。炒め温度によりホワイト（クリーム色）ルウ，ブロンド（淡黄色）ルウ，ブラウン（茶褐色）ルウがある（表4－8）。炒めることにより，でんぷん粒の膨潤が抑えられ，粘性の少ないさらりとしたソースになる。炒め温度が高温になると，でんぷんの一部がデキストリン化し，溶液への分散性がよくなる。小麦粉を炒めずにバターと練り合わせたブール・マニエ（beurre manie）を小さな塊にして煮汁の中に加え，かき回しながら火を通すと，スープに簡便に粘性を与えることができる。

表4－8　ルウの種類と特徴

ルウの種類	加熱温度 (℃)	炒め時間 (分)	色	状態
ホワイトルウ	120～130	7～8	クリーム色	粘りのある状態から強く泡立ち，次第に弱まり，サラサラして芳香性が出てくる。
ブロンドルウ	140～150	10～15	淡黄色	サラサラしてわずかに色付き，香ばしさが加わる。
ブラウンルウ	160～180	15～20	茶褐色	サラサラして着色し，香ばしい香りが増す。

（2）揚げ物の衣

　揚げ物の衣には，から揚げやパン粉揚げのように小麦粉をそのまま用いるものと，水，卵，牛乳などで希釈して用いるものがある。グルテンが形成されると，衣の水と油の交換が妨げられ，軽い仕上がりにならないため，天ぷらの衣は，薄力粉を用いて，粉の1.5～2倍量の15℃程度の冷水で軽く混ぜ，速やかに使用する。天ぷらの衣は水分が急速に蒸発することで，多孔質でもろく軽い歯ざわりとなる。衣に卵を添加（卵：水＝1：2～3）すると，衣のグルテン形成を妨げ，卵のたんぱく質の熱凝固によって，衣は脱水されやすくなる。でき上がり状態で衣の水分量が10～15％程度になるように仕上げるのがよい。でんぷんや炭酸水素ナトリウム（重曹）を加えることで水分の蒸発を促進し，衣を軽く仕上げることができる。

（4）その他の穀類（表4－9）

　世界で広く栽培されている主要な穀類の米，小麦，とうもろこしの他に，現代人に不足しがちな食物繊維やビタミン類，ミネラル類を豊富に含んだ穀類（雑穀）がある。
　表4－9に主な雑穀の種類を示した。

1.2　い　も　類
（1）いも類の種類と栄養特性

　いも類は地下茎や根の細胞にでんぷんやその他の多糖類が蓄積し大型化することにより肥大化したもので，じゃがいも，さといもは塊茎，その他のいも類は塊根を食用としている。でんぷん以外にもビタミン，ミネラル，食物繊維などを含む。水分量が70～80％と多いため保存性や輸送性には劣るが，加水しなくても糊化する性質を持つ。いも類のビタミンCはでんぷんに保護されているため加熱しても比較的安定である。

（2）じゃがいも
1）じゃがいもの種類と特徴

　じゃがいもはナス科に属し多くの品種があり，細胞壁を構成する多糖類の量と組成

表4－9　主な雑穀の種類と特徴

種　類	特　徴
ライ麦	食物繊維やビタミンB群，ミネラル類を豊富に含み，特にカリウム，リン，亜鉛が多い。ライ麦粉にはグルテンを構成する成分が足りないため，小麦粉のようなふっくらとしたパンは焼けない。
えんばく	穀類の中では，たんぱく質および脂質含量が多く，アミノ酸組成は米と似ている。精白えんばくを平らに伸ばすか，挽き割りにしてオートミールに加工して利用される。
きび	食物繊維，ビタミンB_1，ビタミンB_2，ナイアシン，カリウム，カルシウムなどを含む。黄色の球状で，コクと甘みがあり，冷めてもモチモチとした食感がある。おはぎや餅などに用いられる。
あわ	主成分はでんぷんであるが，良質のたんぱく質を含みビタミンB_1，ビタミンB_2は白米よりも多い。パントテン酸，食物繊維，ミネラル類を含み特に鉄を多く含んでいる。米と混ぜて炊いたり，粒粥，だんご，あわ漬（小魚の酢漬），粟おこしや飴などに用いられる。
ひえ	カリウム，ナトリウム，亜鉛などのミネラル類，脂質，食物繊維などを含み，くせのない味わいで，米と一緒に炊いたり，かゆにするほか粉にしてだんごにしたり，みそや酒などの麹の材料にもなる。
キヌア	栄養価の高い雑穀で，ビタミンB群，葉酸，カリウム，マグネシウム，鉄，亜鉛をバランスよく含み，不飽和脂肪酸のリノレン酸やオレイン酸を含んでいるのも特徴である。
アマランサス	皮がやわらかく精白しないで食べられるため，栄養価がきわめて高い。たんぱく質，ビタミンB_6，葉酸，食物繊維をはじめ，鉄，亜鉛などのミネラルを豊富に含む。粒が小さく，プチプチした食感と強い香りが特徴でめんや菓子にも使用される。
そば	必須アミノ酸のリジンやビタミンB_1，ビタミンB_2，ナイアシン，パントテン酸などビタミンB群，食物繊維，ポリフェノールのルチンを多く含む。そばの種実から外果皮を除いて製粉したそば粉はグルテンを形成しないため，湯ごねにするか，小麦粉，卵，やまのいもなどをつなぎにしてそば切り（めん）にする。

の違いによって，粉質いもと粘質いもに大別される。また同一品種でも初夏に収穫される新いもや成熟途中のいも（未成熟いも）は粘質性で，収穫が遅くなるほど，あるいは貯蔵期間が長く成熟が進むほど粉質になる。粉質性のじゃがいもは，粘質性のじゃがいもに比べてでんぷん含量が多く，また細胞壁の構成成分であるペクチン質の加熱による水溶化が著しいため細胞分離が容易になる。そのため煮崩れしやすく，ほろほろとした食感となり，マッシュポテトや粉ふきいもに適している。一方で，煮崩れしにくい粘質性のじゃがいもは煮物などに利用される。それぞれの代表的品種として粉質いもに男爵や農林1号，粘質いもにメークインが挙げられ，調理用として全国的に出回っている。

　じゃがいもの栄養成分は糖質（でんぷん）が多く，穀類同様，エネルギー源として主

食となる側面と，ビタミンB_1やB_6，C，カリウム，食物繊維などを豊富に含み，野菜のように副菜と位置づけることのできる側面と，2つの特徴を有している。他のいも類に比べても味が淡白で飽きがこないことから利用頻度の高い食材である。

　寒さに強いため，貯蔵温度は0〜10℃が適温である。貯蔵中にでんぷんの一部が分解して糖が増加（低温糖化）し，甘味が増す。ただし，ポテトチップスなど高温の油で揚げる加工用の品種においては，増加した還元糖がアミノカルボニル反応によって，製品に焦げ色を生じさせるため貯蔵温度を高くする場合がある。

2）じゃがいもの調理特性

①　じゃがいもの褐変

　じゃがいもを切断し，生のままで空気中にさらしておくと切り口が褐変する。これは細胞内にある**チロシン**（アミノ酸の一種）から，チロシナーゼ（酸化酵素）の働きによって褐色のメラニン色素が形成されるためである。チロシナーゼは水溶性であるため，水に浸して溶出させることによって，褐変を抑えることができる。

②　じゃがいもの軟化と硬化

　じゃがいもの加熱による軟化は，ペクチン質（不溶性のプロトペクチン）が分解し可溶化することによる。ペクチン質の分解は植物の成熟に伴い酵素の働きによって進む場合と加熱による場合がある。加熱の場合は，pH 5以上の条件下ではβ-脱離によって，pH 3以下の酸性下では加水分解によって起こる。β-脱離はペクチン質を構成しているD-ガラクツロン酸のカルボキシ基がメチル基によってエステル化された箇所で起きる。そのためエステル化度によって軟化の程度が異なり，脱メチル化が進むとβ-脱離が阻害され軟化は抑制される。

　加熱中には軟化と同時に硬化も起こっている。植物性食品に存在しているペクチンエステラーゼは比較的熱に安定な酵素で，50〜80℃で高い酵素活性を持つ。ペクチンエステラーゼの作用によってペクチン質の脱エステル反応が起こり，遊離したカルボキシ基にカルシウムイオンやマグネシウムイオンが結合して新たな架橋構造を形成し，細胞壁の結合力を高めるため硬化すると考えられている。そのためじゃがいもは50〜80℃付近で加熱を中止すると後に再加熱してもそれ以上はやわらかくならない。そこで，煮崩れを防ぎたいときは水から加熱すると，沸騰までに50〜80℃付近をゆっくり通過することとなり，これらの温度帯で起こる硬化によって，ある程度いもの煮崩れを抑える効果をもたらす。

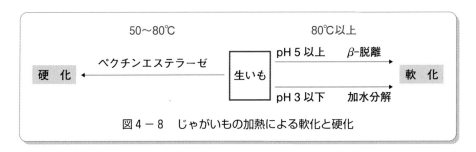

図4-8　じゃがいもの加熱による軟化と硬化

③　じゃがいものマッシュ

　マッシュポテトのほくほくとした食感は，成熟した粉質いもの細胞を損傷することなく細胞単位でばらばらに分離することで得られる。加熱したじゃがいもをつぶしてマッシュポテトをつくる際には，熱いうちに裏ごしを行う。温度が高いうちはペクチンに流動性があるため細胞同士が離れやすいが，冷めてから力を加えて裏ごしすると細胞膜が破れて糊化でんぷんが流出し，粘りが出る。

（3）さつまいも

1）さつまいもの種類と特徴

　さつまいもは他のいも類に比べて糖質が多く甘味が強い。黄色種にはカロテノイドが，紫色種にはアントシアニンが含まれている。

2）さつまいもの調理特性

①　調理による色の変化

　さつまいもを切ると，切り口から樹脂配糖体のヤラピンという白色乳状の粘液が出てくる。空気に触れると黒く変色して，いもの色を悪くする。切り口が褐変するのは，さつまいもに含まれる**クロロゲン酸**がポリフェノールオキシダーゼの作用によってキノン体を生じ，褐色を呈する重合物が産生されるためである。これらは表皮付近に多く存在しているため，皮を厚くむくと変色は起こりにくい。さらにクロロゲン酸はアルカリ性物質と反応して緑色を呈することがある。重曹をさつまいもの天ぷらの衣やさつまいも入り蒸しパンに使用したとき，いもの周辺が緑変するのはこのためである。

　また，さつまいもは加熱前にあく抜きと変色防止の目的で0.5％程度の焼きミョウバンを加えた水に浸漬することがある。ミョウバンを加えた水でゆでると細胞壁のペクチンがアルミニウムイオンと結合して不溶化し，煮崩れを防ぐことができる。さらに色よく仕上げるためには，カロテノイド色素を含むクチナシとともにゆでるとよい。

②　加熱調理による糖化

　さつまいもにはβ-**アミラーゼ**が含まれており，加熱によって糊化したでんぷんを分解して**麦芽糖**（マルトース）を生じる。マルトースの生成量が多いほど調理後のさつまいもは甘くなるが，80℃を超えると酵素活性は大きく低下する。一方で，でんぷんの糊化には70℃は必要なので，さつまいもの加熱調理には70〜80℃の温度域をできるだけ持続することが望ましい。石焼きいもの甘味が特に強く感じられるのは，加熱時にこの温度帯が長く持続しているためである。

　電子レンジのような短時間加熱ではでんぷんの糊化は行われるが，酵素の失活が速いためにマルトースの生成量が少なく，甘味があまり感じられない。

（4）さといも

　さといもには子いもを食用とする品種（石川早生，土垂など），親いもを食用とする品種（セレベスなど）などがあり，葉柄（ずいき）を食用とする場合もある（図4－9）。

切って水に浸けるとぬめりが出るが，この粘質物は多糖類のガラクタンで，水溶性食物繊維として血糖値や血中コレステロール値を低下させる働きをもつ。ぬめりはさといも独特の食感を生むが煮汁の粘度を高めるため，吹きこぼれの原因となったり，調味料の浸透を妨げたりする。煮物のようにさといもの中まで味をしみ込ませたいときはガラクタンが食塩で可溶化しやすくなることを利用して皮をむいてから塩もみをしたり，ゆでこぼしてから冷水で洗うといった下処理を行うとよい。

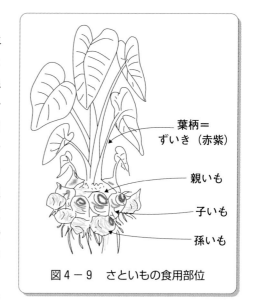

図4-9　さといもの食用部位

葉柄＝
ずいき（赤紫）

親いも

子いも

孫いも

また，さといものえぐ味成分はホモゲンチジン酸とシュウ酸カルシウムである。シュウ酸カルシウムは針状結晶の状態で存在しており，その刺激でさといもを扱うときに手がかゆくなることがある。シュウ酸カルシウムの結晶は酸に溶解するので，かゆみを感じたときは酢水で手を洗うと刺激が軽減する。

（5）やまのいも

やまのいもは中国原産のながいも，いちょういも，やまといもなどが一般によく用いられ，古くから栽培されてきた。日本原産のじねんじょ（自然薯）は山野に自生している品種であるが，近年は栽培物も増加してきた。いずれもすりおろすと強い粘りを生じ，生食が可能であることが特徴である。

やまのいもを生食できるのは，細胞壁の層が他のいも類より薄いため，消化液中のα-アミラーゼの透過性が大きいことによると考えられている。やまのいもの粘りは多糖類のマンナンとたんぱく質が結合した糖たんぱく質であり，すりおろして「とろろ」にすると粘りによって口当たりがよく，のどごしがなめらかとなる。加熱すると粘性は弱まるが，高い起泡力は薯蕷饅頭の皮やかるかんなどの膨化調理に利用される。

やまのいもも，ポリフェノールやチロシンとそれらの酸化酵素を含むため空気に触れると褐変や黒変を起こす。変色を防止するためには，皮をむいたらすぐに水や酢水に浸けて酸素を遮断する。

秋になるとやまのいもの葉の付け根にできる球芽を，むかごという。

（6）こんにゃくいも

こんにゃくいもはあくが強く，そのままでは食用にならないが，主成分である多糖類のグルコマンナンがアルカリ性で固まる性質を利用して，糊化したグルコマンナン

に水酸化カルシウムや灰汁などを加えて凝固させ，こんにゃくを製造する。独特の臭みがあるため調理前に塩でもんだり，下ゆでを行う。

1.3 豆　　類

（1）豆類の種類と栄養特性

　豆類の種類は多く，熟度や成分によって利用形態や調理方法が異なる。利用形態からみた豆類の分類を表4−10に示す。

　だいずは乾燥重量で約35％のたんぱく質を含み，日本では重要なたんぱく質の給源として，煮豆だけでなく，豆腐，納豆，油揚げ，きなこなどの食品やみそ，しょうゆなどの調味料に加工され，古くから利用されている。また，脂質も約20％含み，油脂原料としても広く利用されている。

（2）豆類の調理特性

1）吸　　水

　成熟乾燥豆類の水分は約15％で強固な外皮に覆われ，食用となる子葉部も緻密でかたく，そのままでは煮熟が困難である。そのため，一般的に加熱調理に先立って浸漬

表4−10　利用形態からみた豆類の分類

分　　類	豆の種類	利用形態		調理の例
たんぱく質，脂質を主成分とするもの	だいず	粒状		煮豆，いり豆
		磨砕，粉砕		呉汁，きな粉
		豆乳		豆腐，油揚げ，ゆば，凍り豆腐
		豆乳粕		うの花
		微生物の利用	粒状	納豆
			磨砕	みそ，しょうゆ
	らっかせい	粒状		いり豆
		磨砕		ピーナッツバター，あえ衣
でんぷん，たんぱく質を主成分とするもの	あずき，いんげんまめ，そらまめ，えんどう	粒状		煮豆，フライビーンズ，甘納豆
		ペースト状		練りあん
ビタミンCやミネラルの給源として未熟なうちに食用にするもの	えだまめ（だいず），いんげん（さや），えんどう（さや，剥実）	未熟な豆，またはさやごと		塩ゆで，煮物，揚げ物，和え衣，ポタージュ，炒め物
ビタミンCやミネラルの給源として幼芽期に食用にするもの	だいず，りょくとう	もやし		汁の実，浸し物，和え物，酢の物，炒め物

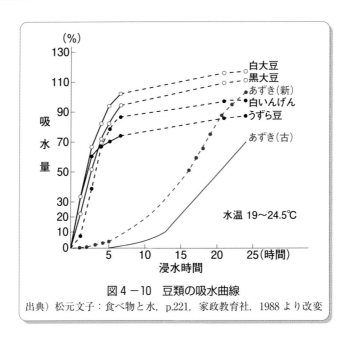

図4−10　豆類の吸水曲線
（出典）松元文子：食べ物と水，p.221，家政教育社，1988より改変

して吸水，膨潤させてから用いる。

　豆類の吸水の経時変化を図4−10に示す。豆の種類によって吸水速度は異なるが，あずき以外は種皮全体から吸水を始め，水温20℃前後の場合，約7時間で飽和吸水量に達する。一方，あずきは種瘤（しゅりゅう）と呼ばれる種子のへそ付近のみから吸水を始めることから吸水速度が極端に遅い。また，内部が少しずつ膨潤してくるとその圧力で表皮が割れ，胴切れという現象を起こしやすいため，あずきは水に浸漬せず，そのまま加熱することが多い。

2）豆　　臭

　だいずには独特の青臭さがあるが，これはだいずに豊富に含まれる不飽和脂肪酸にリポキシゲナーゼが作用して発生する酸化物に起因する。吸水しただいずを加熱するとリポキシゲナーゼが失活するので青臭みが抑制される。

（3）豆類の調理
1）煮　　豆

　だいずを加熱する前に，浸漬水に食塩を添加すると，だいずの塩可溶性たんぱく質であるグリシニンが溶解するため，やわらかく煮熟することができる。炭酸水素ナトリウム（重曹）を加えたアルカリ性液で加熱して軟化を促進することも行われるが，ビタミンB_1の損失が大きくなり，味も劣る。

①　だ　い　ず

　だいずは表皮から吸水するので早い時期から表皮が軟化して伸びるが，内部の膨潤速度が遅いため表皮にしわが寄りやすい。これを防ぐには，だいずを加熱して最初の沸騰後すぐに冷水を入れて（びっくり水），ゆで汁の温度を50℃くらいまで下げるとよ

い。また，急速に加熱すると子葉部分の表面のでんぷんの糊化やたんぱく質の凝固が進み，熱水が内部にまで浸透しにくくなるが，びっくり水によって一旦温度を下げて表面と中心部分の温度差を縮めることは煮えむらを防ぐ効果もある。

黒豆（黒大豆）を加熱する際に，鉄鍋を用いたり，鉄くぎを入れるとよいとされるのは，黒豆の皮に含まれるアントシアニン系色素が鉄イオンと錯体を形成して安定化するため，発色が鮮やかになるからである。また，黒豆の煮豆には調味に大量の砂糖を使用するが，一度に加えると煮汁の濃度が急激に高まるために脱水し，内部の子葉組織が収縮して表皮にしわがよってしまう。砂糖は数回に分けて加えるか，豆をあらかじめ砂糖などの調味料に浸漬し加熱によって濃縮することで，低濃度から高濃度へ徐々に移行させるとしわがよりにくくなる。一方で，調味液に浸漬することで豆は吸水しにくくなりかたくなるので，重曹を加えて軟化を助ける。

② あずき

あずきの場合は逆に内部から先に膨潤するため，急激な膨張で皮が胴切れするのを防ぐ目的でびっくり水を加える。さらに，あずきの場合はタンニンやサポニンといった渋味成分を除去するため，びっくり水を加えてから再沸騰した後にざるにあげ，水で洗ってから加熱を続ける。これを**渋きり**といい，渋きりの回数によってあずきあんの色や風味が異なる。

2）あ　　ん

でんぷん含有量の多い豆類でつくる。あん粒子は加熱により豆の子葉組織が細胞単位に分離したものである。糊化でんぷんが加熱凝固したたんぱく質で覆われていて，でんぷん粒子が露出していないため糊状にならず，さらりとしたなめらかな独特の食感となる。あん粒子をつくるためには豆の細胞内ででんぷんの糊化が完了していなければならない。そのため，豆を水から加熱し，たんぱく質をでんぷんの糊化開始温度（約60℃）に達するまでにでんぷん粒子を取り囲む形で熱凝固させる。

あんには原料煮豆から分離水洗いしただけの「生あん」（水分60〜65％）と，生あんを乾燥させた「さらしあん」（水分4〜5％），生あんや水を加えて戻したさらしあんに砂糖を添加して練り上げた「練りあん」がある。また，「こしあん」は煮熟した豆を裏

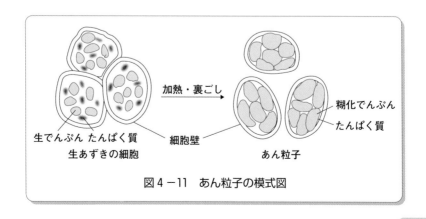

図4-11　あん粒子の模式図

ごしして種皮を除いたもの，「つぶあん」は豆の形を残してやわらかく煮あげ甘味を加えて練ったもの，「つぶしあん」はつぶあんを種皮を取り除かずにつぶしたものと分類されている。

あずきあんは種皮に含まれるアントシアニン系色素によって，煮熟中に着色する。白あんは白いんげん，または白あずきからつくられる。

3）豆腐・凍り豆腐

豆腐はだいずを浸漬吸水後，すりつぶしてから加熱して搾り取った豆乳に塩化マグネシウム（にがり）や硫酸カルシウムなどの凝固剤を加えて固めたものである。90℃以上で長時間加熱すると，豆腐中の水分の気化やたんぱく質の凝固が進むために硬化，収縮してすだちが生じ，なめらかな食感が失われる。食塩 0.5〜1％溶液，あるいは1％でんぷん糊溶液で加熱すると豆腐の硬化が抑えられ，すだちが起こりにくい。

凍り豆腐（高野豆腐）は豆腐を凍結乾燥させたもので，凍結中に氷結晶生成により濃縮したたんぱく質が変性し，乾燥によって氷の後が空隙になって，スポンジのような多孔質の組織が形成されている。伝統的な製法では水や湯での戻しに時間がかかったが，近年は膨軟加工技術の発達により，戻しが不要になった。しかし膨軟剤に炭酸水素ナトリウムや炭酸カリウムを用いているため，水のみで煮るとやわらかくなりすぎて煮崩れしやすくなる。

1.4　種　実　類

（1）種実類の種類と栄養特性

種実類は種子を食用とする種子類と外果皮のかたい堅果類（ナッツ類）に分類され，総じて水分含量が低い。くり，ぎんなんなど糖質を多く含むものと，ごま，くるみ，アーモンド，らっかせいなどたんぱく質や脂質を多く含むものがあり，脂肪酸組成はオレイン酸とリノール酸が主成分となる。種類によりビタミンB_1，ビタミンE，カルシウム，マグネシウム，鉄などを豊富に含む。

（2）種実類の調理特性

ごまは外皮の色で黒ごま，白ごま，金ごまに分けられるが，それぞれの成分に大きな差はない。ごまに含まれる油脂量は約50％で圧搾するとごま油が得られるが，粒状のごまも180℃で煎るなどしてからすると脂質がしみ出てきて濃厚なペースト状になり，香ばしい香りとともに濃厚な味わいを楽しむことができる。ごま和えやごま豆腐の他，トッピングや製菓材料としても利用されている。

くりは鬼皮（外側のかたい皮）と渋皮（内側の薄い皮）を取り除いてから調理する。渋皮は渋皮煮など，つけたまま調理する場合もある。皮を取り除くには水や熱湯に浸けたり，ゆでたりして鬼皮をやわらかくするとむきやすい。

くるみ，らっかせい，アーモンドなどのナッツ類は一般にローストされたものが販売されている。

1.5　野　菜　類

（1）野菜類の種類と栄養特性

　野菜は食用部位によって，葉菜類，茎菜類，根菜類，果菜類，花菜類に分類され，副菜として生食または様々な加熱調理に利用されている。ほとんどの野菜の水分含量は90％以上ときわめて多く，ビタミン類の主な供給源であるほか，カリウム，カルシウム，鉄などのミネラルや食物繊維を豊富に含んでいるものも多い。厚生労働省では，可食部100g当たりのカロテン含有量が600μg以上のものと，カロテン含有量が600μg未満であっても摂取量や頻度が多いピーマンやトマトなど一部の野菜を緑黄色野菜としている。

　野菜類には，旬の時期がある（表4-11）。近年は栽培技術の発達により一年を通して流通している野菜が多い。自然環境下で育成した野菜のそれぞれの食用部位が食べ頃を迎える，いわゆる旬の時期は栄養的にも味覚的にも優れていて，しかも大量に出回り安価である。野菜類は旬を意識して摂取するようにするとよい。

（2）野菜類の調理特性

1）　色

　野菜類の色は料理に彩りを添え，食欲を増進させる。また，野菜の鮮度や品質を判定する基準にもなる。野菜類の色素成分は多種多様で，調理加工，保存の過程でも変化する。主な野菜の色素成分を表4-12に示す。

①　クロロフィル

　野菜の緑色は，葉緑体に含まれるクロロフィルの色である。中央にマグネシウムイオンが結合したポルフィリン環に疎水性のフィトール鎖が結合した形をしているため，脂溶性で水には溶けない。生体内ではたんぱく質と結合して比較的安定であるが，加熱するとたんぱく質が変性するため不安定になり，酸性下ではマグネシウムイオンが外れて黄褐色の**フェオフィチン**となる。きゅうりをピクルスにしたとき黄褐色になるのはこのためである。また，野菜を長く加熱しても同様に，野菜の有機酸が溶出して

表4-11　主な野菜の旬

季節	主な野菜
春	アスパラガス，うど，さやえんどう，セロリー，たけのこ，ふき，春キャベツ，新たまねぎ
夏	えだまめ，オクラ，かぼちゃ，きゅうり，とうもろこし，トマト，なす，にんにく，ピーマン，みょうが
秋	ごぼう，チンゲンサイ，にんじん
冬	かぶ，カリフラワー，キャベツ，だいこん，はくさい，ほうれんそう，ブロッコリー，れんこん

注：地域によって時期がずれる場合がある。

表4−12　野菜類に含まれる主な色素成分

色素の種類		主な色	pHによる色の変化	金属による変化	主な含有食品（色素成分）
脂溶性	クロロフィル	緑色	酸性→黄褐色 アルカリ性→鮮緑色	鉄，銅→緑色（安定）	緑黄色野菜 （クロロフィルa，b）
	カロテノイド　カロテン類	黄色〜赤色	変化なし	変化なし	緑黄色野菜（β-カロテン） トマト（リコペン）
	カロテノイド　キサントフィル類			変化なし	緑黄色野菜（ルテイン） とうもろこし （クリプトキサンチン）
水溶性	フラボノイド　フラボノイド（狭義）	無色〜白色， 淡黄色	酸性→白色 アルカリ性→黄色	鉄→青，緑色 アルミニウム→黄色	たまねぎの外皮 （ケルセチン）
	フラボノイド　アントシアニン	赤紫，紫色	酸性→赤色 アルカリ性→青〜緑色	鉄，アルミニウム→ 紫色（安定）	なす（ナスニン） しそ（シソニン）

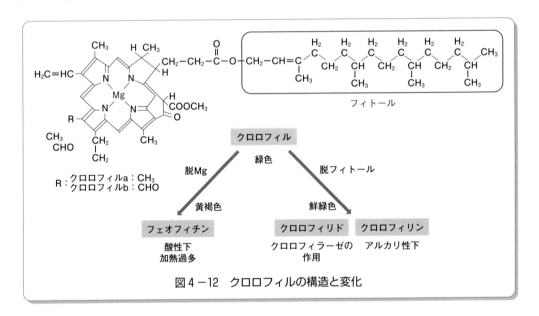

R：クロロフィルa：CH₃
R：クロロフィルb：CHO

図4−12　クロロフィルの構造と変化

ゆで水のpHが低下するため鮮やかな緑色にならない。緑色野菜は沸騰水中でふたをしないで加熱する。

　一方で，熱湯に緑色の野菜を入れたとき一時的に鮮緑色となるのは緑葉に含まれるクロロフィラーゼの作用でフィトールが外れ，**クロロフィリド**となるなどの理由も考えられる。重曹などを加えたアルカリ性のゆで水で加熱しても脱フィトールが起こり鮮緑色の**クロロフィリン**となる（図4−12）。疎水性のフィトールが外れるため，クロロフィリドやクロロフィリンは水溶性である。ゆで汁をアルカリ性にすると野菜を過度に軟化させるので，ゆで水に重曹を加えるのは山菜のような組織のかたい野菜を加熱する場合にとどめる。

② カロテノイド

かぼちゃやにんじん，トマトなどの黄色，オレンジ色，赤色を呈する野菜にはカロテノイド系の色素が含まれており，緑黄色野菜ではクロロフィルと共存している。カロテノイドの中でカロテンやクリプトキサンチンは，体内でビタミンAに変換されるので，**プロビタミンA**と呼ばれ，栄養成分としても重要である。カロテノイドは，脂溶性で，熱に対して安定であるため，通常の調理操作による変色は少ない。炒める，揚げるといった調理操作を行うと体内への吸収が促進され効果的である。通常の調理においては酸やアルカリにも影響をほとんど受けず，変化の少ない色素成分である。

③ フラボノイド

フラボノイドは，植物に存在する水溶性色素で，ベンゼン環2個が3つの炭素でつながったフラバンを基本骨格とし，ポリフェノールに分類される。このうち，無色から淡黄色の色素成分を狭義のフラボノイド，赤紫から青色の色素成分でアントシアニジンの配糖体を**アントシアニン**という（アントシアンは，アントシアニジンとアントシアニンの総称）。

狭義のフラボノイドは酸性で白色，アルカリ性で黄色を呈する。そのため，れんこんやカリフラワーをゆでる際に湯で水に酢を加えると白く仕上げることができる。また，鉄やアルミニウムなどの金属イオンと錯体をつくり変色する。鉄製の包丁でたまねぎを切って放置すると切り口の色が変わるのはこのためである。

紫キャベツやなす，しそなどに含まれているアントシアニン色素は酸性で赤く，アルカリ性では青くなり，pHにより顕著な色調の変化を示す。梅干しが赤いのは，漬ける際に使用した赤しそに含まれるアントシアニン色素のシソニンがうめのクエン酸によって赤くなり，うめを着色したことによる。一方で鉄イオンやアルミニウムイオンとは安定な錯体を形成しやすいため，なすの漬物に鉄くぎやミョウバンを入れると美しい青紫色が保たれる。アントシアニンは水によく溶け，加熱によっても退色するので，なすの煮物をつくる場合は油で揚げてから煮ると色落ちが抑えられる。

④ 褐　　変

ごぼうやれんこんなどを切ったまま放置すると切り口が褐変する。これは，野菜がポリフェノール類とポリフェノールオキシダーゼ（ポリフェノール酸化酵素）を併せ持つため，細胞が切断されることによって両者が接触し，酵素的褐変を引き起こすためである。褐変を防ぐには，加熱して酵素を失活させる，水に浸けて空気中の酸素を遮断し，ポリフェノールなど水溶性の褐変関連物質を溶出させる，酢水に浸けてpHを下げ酵素反応を抑制する，食塩水に浸けて酵素反応を阻害する，レモン汁に浸けてpHの低下とビタミンC（アスコルビン酸）の還元作用を利用する，などの方法がある。

2）味

野菜は，呈味成分として，有機酸，アミノ酸，核酸などを有するが，微量のため，味は淡白であることが多い。

また，辛味成分にはしょうがのジンゲロン，とうがらしのカプサイシンなどがある。

　わさびやだいこんなどアブラナ科の野菜は，すりつぶすと，含まれているグルコシアネートが，共存するミロシナーゼの作用によってイソチオシアネートを生成し辛味を生じる。

　あく抜き：野菜には，あくといわれる苦味，渋味，えぐ味などの不味成分を含むものも多い。多くのあく成分はタンニンやクロロゲン酸などのポリフェノールで，主に変色に関わるため，あく抜きをせずに食べても特に問題はない。しかし，あく成分のうち，ホモゲンチジン酸やシュウ酸はえぐ味を強く感じ，著しく食味を損なう。

　あくの多くは水溶性であるため，水に浸漬したり，ゆでたりすることで除去できる。ゆでる際に組織のかたい山菜類は重曹などを加えたアルカリ性のゆで汁で，たけのこなど軟化に長時間を要する場合はあくの再吸収を防ぐために米糠などを加える。ほうれんそうなどの青菜はシュウ酸を除去するために，ゆでた後に必ず冷水に取って付着したあく成分を洗い流す。

3）香　　り

　野菜類の中で，特に強い香りを持つものは，香辛料や香味野菜として利用される。なかでもにんにくは特徴的な香りを持っているが，これは含硫化合物のアリシンによる。すりおろすなどの操作中，無臭のアリイン（含硫アミノ酸）がアリイナーゼの作用によって分解後生成される。

（3）野菜類の調理
1）食感の変化
①　浸　透　圧

　植物の細胞は外側に細胞壁を，内側に細胞膜を有している。細胞壁はセルロースなどで構成され水溶性物質を透過するが，細胞膜は半透性である。半透膜は溶媒分子を通すが溶質分子は通さないため，溶媒分子のみが膜を通過して溶液側へ拡散していく。これを浸透というが，このとき溶媒の浸透を阻止するのに必要な圧力を**浸透圧**という。

　一般に新鮮な野菜の細胞内液の浸透圧は，約0.85％の食塩溶液，あるいは約10％のショ糖溶液の浸透圧とほぼ同等である。そのため細胞膜はこれより低い濃度の溶液中では溶媒，すなわち水の浸透を阻止できず，野菜の細胞内に吸水されて，その結果，細胞の膨圧が高まる。野菜を水に浸すと，細胞が膨らみ，ぱりっとした食感が得られるのはこのためである。逆に野菜に食塩を振りかけたり，濃い調味液に浸けると脱水してしんなりとするのは，高い濃度の溶液中では細胞内の水が細胞外に浸出するからである。細胞内の水が失われると原形質分離が起こり，細胞壁と細胞膜の間に食塩や調味料が拡散する。あらかじめ野菜を塩もみして脱水後調味液と和えると，調味料の浸透もよく，薄まらない（図4−13）。

　加熱した場合も，調味料が浸透しやすくなるが，これは，細胞膜の半透性が失われるためである。

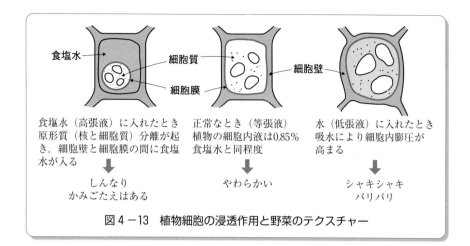

図4－13　植物細胞の浸透作用と野菜のテクスチャー

②　加熱による軟化と硬化

加熱によって主に細胞壁中に含まれるペクチン質が分解して低分子となって可溶化し組織が軟化する。加熱時にpH 5以上ではβ-脱離し，pH 3以下では，加水分解して軟化するが，pH 4付近ではどちらも起こりにくい。そのため，ごぼうやれんこんを酢で煮ると歯ごたえのある食感となる。一方，60℃付近で加熱するとペクチンエステラーゼの作用によってペクチンが脱エステル化し，さらにCa^{2+}が架橋して組織が硬化する（p.82参照）。

2）ブランチング

野菜を冷凍する前に短時間の加熱を行うことを**ブランチング**という。ブランチング処理により，食品中の酵素を失活させ冷凍保存中や解凍時の変質や変色を防ぎ，組織を軟化させて凍結による組織の損傷を防ぐ。同時に，付着微生物の殺菌などの効果もある。

3）山菜の調理

山菜は山野に自生する植物の中で食用となるものをいい，やまうど，わらび，ぜんまい，つくし，ふきのとう，たらのめ，たけのこ，せりなどがある。最近は人工的に栽培されているものも多いが，一般的な野菜に比べてポリフェノール類を多く含み苦味が強い特徴がある。

山菜の多くはあく抜きの処理をしてから利用する。あく抜きは木灰や重曹などを加えたアルカリ性の液で加熱すると，ペクチンのβ-脱離が促進され，組織の軟化が進み，あくが出やすい。また色もクロロフィルがクロロフィリンに変化し鮮緑色になる。

1.6　果　実　類

（1）果実類の種類と栄養特性

果実は本来，木本植物から収穫されるものをいうが，くりが種実類に分類される一方で，一年生草本植物であるメロン，すいか，いちごなどは果実類に分類されている。

　果実類は適度な甘味と酸味を有し，特有の色や形，香り，風味や食感を活かして生食されることが多く，嗜好的な要素が強い。水分を80〜90％含み，糖質，ビタミンC，カリウム，食物繊維などの給源となっている。

　国内で栽培される品種は改良が重ねられ，また東南アジアなどから多種多様な熱帯果実が輸入されるようになっており，バナナなど年間を通して食べられているものもあるが，多くは野菜類以上に出回る時期が限定されて旬の時期が明確であるので，季節感をとらえやすい食材である。

（2）果実類の調理特性

1）外　　観

　果実類の外観は鮮度や熟度の指標となり，嗜好性に影響を与える。果実に含まれる色素成分は野菜類と同様，クロロフィル，カロテノイド，アントシアニン，フラボノイドなどであるが，一般に未熟なうちはクロロフィルが多く緑色を呈し，成熟するに伴ってカロテノイドやアントシアニンが増加する。

2）味

　果実類の主な甘味成分はショ糖（スクロース），ブドウ糖（グルコース），果糖（フルクトース）であるが，これらの糖の組成は果実の種類や品種，栽培環境によって異なり，この違いが果実の味の違いとなる。

　また，酸味成分はクエン酸，リンゴ酸，酒石酸などの**有機酸**であり，果実の生長とともに蓄積され，成熟とともに分解，減少し，果実の味に影響する。

　柑橘類は苦味成分としてナリンギンを果皮付近に多く含んでいる。

　かきの渋味はタンニンによるものであるが，甘がきは成熟するとタンニンが重合して高分子となり，不溶化するので渋味を感じなくなる。成熟しても可溶性タンニンを含む渋がきでは，干しがきにしたり，ドライアイス（炭酸ガス）やアルコールで処理すると，タンニンがアセトアルデヒドと結合して不溶化するので，渋抜きできる。

3）香　　り

　果実類の多くは成熟するに従って香気成分が増加し，色や味の変化とともに好ましい香りや風味をつくり出す。果実の香気成分はテルペン類，エステル類など多数の成分から構成され，それぞれの果実に特徴的な香りとなっている。レモンなど柑橘類のさわやかな香りはテルペン類のリモネンで，果皮の油胞に精油として含まれている。

4）テクスチャー

　果実類は生食することが多いため，シャキシャキした歯ざわりやねっとりとした口当たりなどそれぞれが持っているテクスチャーが嗜好性に大きな影響を与える。果実の肉質のかたさはペクチン質の状態で変化する。未熟なときは大部分がヘミセルロースや糖，たんぱく質に結合した不溶性のプロトペクチンとして存在し，食感はかたいが，成熟に伴い酵素作用によって遊離して水溶性のペクチン（ペクチニン酸）となり，組織は軟化して適熟の頃はほどよくやわらかくなる。過熟になるとペクチニン酸が分

解してペクチン酸となり，さらにやわらかくなって食感が悪くなる。しかし，果実類の種類によっては細胞壁のペクチン質の酵素的分解以外の要因が軟化に関わっている場合もある。

（3）果実類の調理

1）生 食 調 理

果実類は特有の味，芳香，色，食感を活かすために適熟のものを生食することが多い。そのまま食べるだけでなくサラダや和え物，ジュースや製菓材料にしたり，ドライフルーツとしても利用される。柑橘類の果汁は，料理の風味づけや薬味，魚介類や肉類のにおい消しなどに用いられる。

果実類を生食する際には冷やしてから食べることが多い。果実の主な甘味成分のうち，フルクトースの甘味強度は立体構造によって変化し，β型はα型の3倍甘い。低温になるほどβ型の比率が高くなるので，ぶどうやりんごなどフルクトースを多く含む果実は食べる前に冷やすと甘味を強く感じることができる。

また，果実には様々な酵素が含まれている。りんごやバナナなどは，ポリフェノールオキシダーゼを有するため，皮をむいたり，切ったりした際に褐変しやすい。酢や食塩を加えた水に浸けたり，レモン汁をふりかけたりして酵素的褐変を防ぐ。強力な**たんぱく質分解酵素**を含むものもある。例えば，パインアップルの**ブロメライン**，パパイヤの**パパイン**，いちじくの**フィシン**，キウイフルーツの**アクチニジン**などである。これらの果実を生のままゼラチンゼリーに使用すると，ゼラチンのたんぱく質を分解して凝固を妨げるので，ゼラチンゼリーに加える場合は加熱して酵素を失活させてから用いる。一方，これらの果実を肉料理の下処理として用いると肉がやわらかくなる。

2）加 熱 調 理

果実類の加熱料理には，ジャムやコンポート（砂糖煮），フルーツソース，焼き物や揚げ物などがある。

ジャムは，果実に含まれるエステル化度の高いペクチン（高メトキシペクチン）のゲル形成能を利用したもので，55％以上の高糖度の糖を加え，pH 3程度に調節して加熱後冷却して作成する。ゲル化に必要なペクチン量は0.5～1.0％で，ジャムに適した果実と不適な果実がある。未熟果にはゲル形成能がなく，過熟果もゲルを形成しにくい。

3）貯　　　蔵

多くの果実は成熟果を収穫するが，一部の果実は未熟果を収穫し，完熟まで貯蔵する。これを追熟という。追熟に適した果実は貯蔵中に成熟に伴いエチレンが発生し，その刺激で呼吸量が一時的に急激に増加する**クライマクテリックライズ**という現象がみられる。クライマクテリックライズ型の果実にはバナナ，アボカド，メロン，キウイフルーツ，りんご，西洋なしなどがある。キウイフルーツやアボカドなどエチレン発生量の少ない果実は，エチレン放出量の多いりんごなどと一緒に封入すると成熟を早めることができる。

1.7　きのこ類

（1）きのこ類の種類と栄養特性

　きのこは菌類に属し，葉緑素を持たないため樹木や落ち葉などを栄養源として菌糸を張り巡らせており，その菌糸の一部の子実体（胞子を作る部分）が食用となる。きのこ類の栄養成分は種類により異なるが，一般的にビタミンB群，エルゴステロール（ビタミンD_2の前駆体），食物繊維などを多く含む。糖質としては主にグルコース2分子が$\alpha-1,1$結合したトレハロースを多く含むという特徴を持つ。

　現在市場に出回っているきのこ類の多くは人工栽培されており，しいたけ，えのきたけ，しめじ，まいたけ，なめこ，エリンギ，マッシュルームなどは一年を通じて安定して入手することができる。ただ，まつたけはアカマツなどの根と共生関係を保ちながら生育するため，今のところ実用的な人工栽培技術がなく，天然のものを採取していることから生産量は気象条件に大きく影響を受ける。

（2）きのこ類の調理特性と調理

1）しいたけ

　生しいたけは肉厚，かつ傘の開き具合が6～8割程度で，傘の裏も白くて張りのある状態のものが新鮮である。しいたけは主に傘の部分を食用とするが，柄（軸）も菌床に付いていた先のかたい部分（いしづき）を取り除いて，縦に裂くと食べることができる。柄（軸）は短く太いほうが良品である。

　乾しいたけは生しいたけより味が濃縮され，うま味と香りが濃厚になる。また生しいたけに含まれているエルゴステロールが紫外線が当たることによってビタミンD_2に変化するため栄養価が高い。収穫時期によって大きく2種類に分けられ，冬期のまだ傘があまり開かないうちに採取した肉厚の「冬菇」と，春から秋にかけて気温が高くなり傘が開いてから採取した肉薄の「香信」がある。冬菇は煮物など丸ごと用いて姿形や歯ごたえを楽しむ料理に向き，香信はスライスしたり刻んだりして用いることが多い。

　乾しいたけは調理の前に水戻しを行う。水戻しは低温で時間をかけて行うのがよい。しいたけのうま味成分は主に5′-グアニル酸で，水戻しやその後の加熱の過程でヌクレアーゼの働きによりリボ核酸を分解して生成する。温湯で戻すと5′-グアニル酸を分解するホスファターゼも働くため，10℃以下の冷水で戻してから加熱するのが望ましい。冬菇に比べて香信は薄いため水戻しの時間が短くてすむ。

　また，乾しいたけ特有の香気成分はレンチオニンであり，水戻しの際に酵素作用によってレンチニン酸が分解して生成する。

2）その他のきのこ類（まつたけ，しめじ，まいたけ，マッシュルーム）

　まつたけは日本を代表するきのこで，特に特有の香りが珍重される。香味成分は桂皮酸メチルとマツタケオールで，傘が開き始める頃に最も強く，開ききるとほとんどなくなる。収穫後の保存の過程でも減少，消失していく。香りを活かすには，土瓶蒸

しやほうろく焼きなど薄味の調理が適している。

　しめじは「香りまつたけ，味しめじ」といわれるように味がよいきのことされているが，これはほんしめじを指しており，一般に多く流通している品種はぶなしめじである。ぶなしめじはくせのない味で，肉質がかたいため加熱しても適度な歯ごたえがあり，和洋中を問わず様々な料理に向く。

　まいたけを生で茶碗蒸しに加えると茶碗蒸しが固まらない。この理由はまいたけに含まれるプロテアーゼの活性最適温度が70℃付近と他のきのこ類に比べてかなり高いことと，卵白アルブミンに強い分解作用を示すことによる。一方で，この酵素が肉の軟化に利用されることがある。また，まいたけは煮汁などに色が着きやすいため，澄んだ色に仕上げたい料理の場合は下ゆでをしてから用いる。

　きのこは基本的に加熱食材であるが，マッシュルームは新鮮なものに限って生食が可能である。傘の色の違いでホワイト種やブラウン種がある。生のマッシュルームは酸化酵素（主にチロシナーゼ）によって褐変を起こしやすい。褐変を防ぐには切り口にレモン汁や酢をかけるとよい。

1.8　海　藻　類

（1）海藻類の種類と栄養特性

　海藻類は色によって緑藻類，褐藻類，紅藻類に分類される。

　海藻類の成分は，生では水分が約90％であるが，乾燥品は3～15％で，残りは，主に炭水化物とミネラルである。乾燥品では，炭水化物が40～75％で，アルギン酸，フコイダン，カラギーナンなどの粘質の難消化性多糖類に富み，またセルロースも5～15％程度含まれ，優れた食物繊維給源である。てんぐさ類は寒天の原料になる。ミネラルとしてはカルシウム，ヨウ素，鉄などが多い。日本人にヨウ素欠乏症がほとんどみられないのは海藻のおかげである。また，海藻はビタミン類も多く含み，海の野菜とも呼ばれる。

（2）海藻類の調理特性

1）　色

　海藻類は光合成によって養分を得ているため，すべての海藻がクロロフィルとカロテノイドを含む。しかし，海中，特に水深が増すと可視光のうち赤色系の光が届かない。海深く生育する海藻は，深くまで達する緑色光を効率よく吸収できるよう赤色色素が必要となる。褐藻類はカロテノイドの一つであるフコキサンチンを含み，褐藻類よりもさらに海中深くまで生息域を持つ紅藻類は赤色のフィコエリスリンを有する。

　わかめは褐藻類であるが，青緑色のクロロフィルaの比率が高いほど良質とされる。湯通しすると鮮やかな緑色となるが，たんぱく質と結合して赤色を呈していたフコキサンチンが遊離して橙黄色に戻り，クロロフィルの緑色が優勢となるためである。また，灰干しわかめでは，灰のアルカリ性によりクロロフィルがクロロフィリンに変化

して，鮮やかな緑色を保つ。

　また，紅藻類ののりは，クロロフィル，カロテノイド，フィコビリン（紅色のフィコエリスリンや青色のフィコシアニンなどの総称）を含む。乾のりをあぶると加熱によりフィコエリスリンが退色し，クロロフィルの色が浮き出て青緑色を呈する。

2）味

　海藻の中でもとくに昆布はうま味成分が多く，だしの材料となる。昆布のうま味成分はグルタミン酸が中心で，その他にアスパラギン酸や糖アルコールのマンニットなどが含まれる。

　あまのりには三大うま味成分であるグルタミン酸，イノシン酸，グアニル酸がすべて含まれており，相乗効果によって特有の味を示す。

3）香　　り

　海藻類には固有の香りを持ち，調理の香味付けに用いられるものがある。あおのりなどの緑藻類は独特な磯の香りを有しているが，これはジメチルスルフィドによる。細胞の中ではジメチル-β-プロピオテチンとして存在し，細胞が傷つくと酵素作用によって生成する。

　これに対してあまのりの香りはイオウ化合物，アルデヒド類，アルコール類など多くの物質が関係する複雑なもので，焼きのりはこれらにさらにアミノカルボニル反応による香りも加わって特有の香りとなる。

2．動物性食品の調理特性

2.1 食 肉 類

（1）食肉類の種類と栄養特性

1）食肉の種類と部位

日本では，食肉とは飼育された哺乳類あるいは鳥類を指すことが多く，牛肉，豚肉，鶏肉が主であるが，馬，羊，七面鳥，鴨，うずらなども食される。日本食品標準成分表では，くじら，かえる，すっぽん，いなご，はちも肉類として掲載されている。なお，ジビエはフランス語で，狩猟によって食材として捕獲された野生の鳥獣を指し，イノシシ，シカ，野ウサギ，山鳩，真鴨などがこれにあたる。食肉には一般に筋肉（骨格筋）とその周辺の脂肪組織を用いるが，舌や，肝臓などの内臓も食用とされる。食肉の成分は種類や部位だけでなく，品種，年齢，飼育方法などによって異なり，かたさや味も異なる。各部位の特徴と利用法を図に示す（図4-14，4-15，4-16）。

2）食肉の構造

骨格筋は細長い円柱状の**筋線維**（筋細胞）が多数集まってできており，中は数百から数千本ずつ**筋内膜**で束ねられた**筋原線維**（ミオシンとアクチンをそれぞれ主成分とするフィラメントからなる。筋肉の収縮と弛緩に関わる組織）と様々な酵素や色素，グリコーゲン，アミノ酸，ペプチド，脂質が含まれる筋漿で満たされている。筋線維は数十本

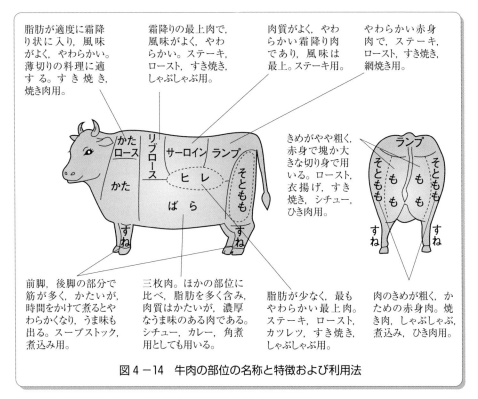

図4-14　牛肉の部位の名称と特徴および利用法

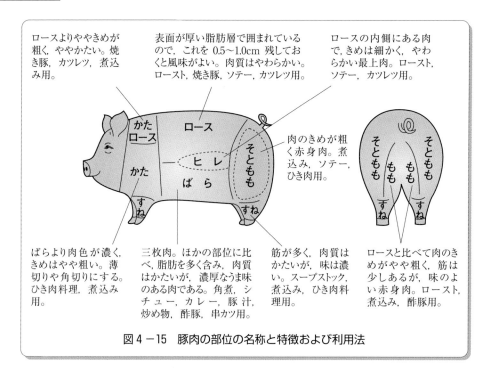

ロースよりややきめが粗く，ややかたい。焼き豚，カツレツ，煮込み用。

表面が厚い脂肪層で囲まれているので，これを 0.5〜1.0cm 残しておくと風味がよい。肉質はやわらかい。ロースト，焼き豚，ソテー，カツレツ用。

ロースの内側にある肉で，きめは細かく，やわらかい最上肉。ロースト，ソテー，カツレツ用。

肉のきめが粗く赤身肉。煮込み，ソテー，ひき肉用。

ばらより肉色が濃く，きめはやや粗い。薄切りや角切りにする。ひき肉料理，煮込み用。

三枚肉。ほかの部位に比べ，脂肪を多く含み，肉質はかたいが，濃厚なうま味のある肉である。角煮，シチュー，カレー，豚汁，炒め物，酢豚，串カツ用。

筋が多く，肉質はかたいが，味は濃い。スープストック，煮込み，ひき肉料理用。

ロースと比べて肉のきめがやや粗く，筋は少しあるが，味のよい赤身肉。ロースト，煮込み，酢豚用。

図4−15　豚肉の部位の名称と特徴および利用法

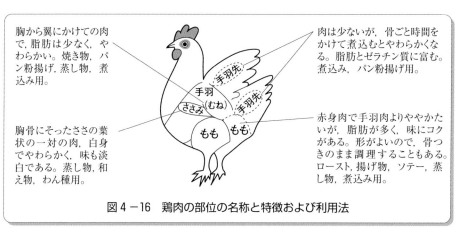

胸から翼にかけての肉で，脂肪は少なく，やわらかい。焼き物，パン粉揚げ，蒸し物，煮込み用。

肉は少ないが，骨ごと時間をかけて煮込むとやわらかくなる。脂肪とゼラチン質に富む。煮込み，パン粉揚げ用。

胸骨にそったささの葉状の一対の肉，白身でやわらかく，味も淡白である。蒸し物，和え物，わん種用。

赤身肉で手羽肉よりややかたいが，脂肪が多く，味にコクがある。形がよいので，骨つきのまま調理することもある。ロースト，揚げ物，ソテー，蒸し物，煮込み用。

図4−16　鶏肉の部位の名称と特徴および利用法

ずつ**筋周膜**で束ねられて筋束を形成し，これがさらに束ねられて筋肉を形成する（図4-17）。筋内膜や筋周膜はコラーゲンを主成分とする結合組織で，脂肪も沈着する。脂肪交雑（**サシ**）がきめ細かく分布した肉は**霜降り肉**といわれる。腱や靭帯も結合組織でできており，結合組織の量や質は，かたさに影響する。脂肪組織は筋肉の結合組織のほか，皮下や内臓に存在する。

3）食肉の栄養

　食肉の主な成分組成は動物の種類，部位，年齢，飼育条件により異なるが，たんぱく質20%，脂質 5 〜30%，水分50〜75%で，ビタミンやミネラルを微量に含む。
　たんぱく質は，筋原線維に存在する筋原線維たんぱく質，筋漿に存在する筋形質（筋

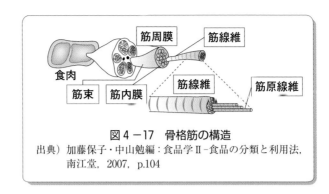

図4−17　骨格筋の構造
出典）加藤保子・中山勉編：食品学Ⅱ−食品の分類と利用法，
南江堂，2007，p.104

漿）たんぱく質，結合組織に存在する肉基質たんぱく質に大別される（表4−13）。肉の種類，部位により上記3分類のたんぱく質の割合が異なり，筋形質たんぱく質が多いとやわらかく，肉基質たんぱく質が多いとかたい。鶏肉は肉基質たんぱく質の割合が他の食肉類より低くやわらかい。筋基質たんぱく質である**コラーゲン**は，加齢や運動により強靭になり，食肉としてかたくなる。コラーゲンは三重らせん構造をしており，加熱によりほどけて，ゼラチンとなる（表4−13）。たんぱく質のアミノ酸スコアは，ほとんどの食肉は100であり良好であるが，結合組織の多い肉では100を下回るものがある。コラーゲンはトリプトファンを含まず，アミノ酸スコアは0である。

　食肉の脂質含量は動物の種類，部位，年齢，飼育条件によって異なる。脂質には，中性脂肪（トリアシルグリセロール），リン脂質，糖脂質，コレステロールが含まれる。脂質を構成する脂肪酸の組成を表4−14に示す。飽和脂肪酸が多い肉は融点が高いため，冷めると脂質が凝固し，口中でも溶けにくいが，不飽和脂肪酸を多く含む肉は，融点

表4−13　食肉および魚介肉のたんぱく質

	割合（%）			含まれる主なたんぱく質	特　徴
	食肉（畜肉）	魚介肉			
		魚	いか		
筋原線維たんぱく質	50	50〜80	77〜85	ミオシン アクチン トロポミオシン	筋肉の収縮と弛緩に関与 水に難溶，食塩水に可溶 45〜52℃で凝固
筋形質（筋漿）たんぱく質	30	20〜50	12〜20	ミオゲン ミオグロビン ミオアルブミン ヘモグロビン	肉の死後硬直と熟成に関係 肉色に関与 水および食塩水に可溶 56〜62℃で凝固
肉基質たんぱく質	20	10以下	2〜3	コラーゲン	肉のかたさに影響 水に難溶，60℃以上で凝固 加熱により収縮 長時間水中加熱でゼラチン化
				エラスチン	水不溶

表４−14　食肉の脂肪酸組成と融点

脂肪酸			脂肪酸組成（％）			
名称	略号	融点（℃）	牛肉	豚肉	鶏肉	魚肉（イワシ）
飽和脂肪酸			53〜61	38〜47	26〜34	36.7
ミリスチン酸	14：0	53.9	2〜25	1	0.1	6.6
パルミチン酸	16：0	63.1	27〜29	25〜30	24〜27	23.1
ステアリン酸	18：0	69.6	24〜29	12〜16	4〜7	4.9
一価不飽和脂肪酸			43〜44	41〜51	37〜43	26.8
オレイン酸	18：1	14.0	43〜44	41〜51	37〜43	0
多価不飽和脂肪酸			2〜3	9〜11	18〜23	36.5
リノール酸	18：2, n6	−5.0	2〜3	6〜3	18〜23	1.3
α−リノレン酸	18：3, n3	−11.3	0.5	1	0	0.9
アラキドン酸	20：4, n6	−49.5	0.1	2	0	1.4
イコサペンタエン酸	20：5, n3		0	0	0	11.2
ドコサヘキサエン酸	22：6, n6		0	0	0	12.5
融点（℃）			40〜50	33〜46	30〜32	非常に低い

出典）大羽和子：新しい調理学（川端晶子，大羽和子編），p.135，学建書院，1999を改変

　が体温に近いため冷めても口どけがよい。そのため，食肉の冷製料理には脂肪の少ない部位や不飽和脂肪酸の多い肉を利用する。

　ビタミンとミネラルで多く含まれるのはビタミンB₁，マグネシウム，亜鉛である。鉄はミオグロビンやヘモグロビンに多く含まれている。

（２）食肉類の調理特性

１）食肉の熟成

　動物は死後，酸素の供給が停止し，筋肉中のグリコーゲンから生成される乳酸が時間の経過とともに蓄積してpHが低下する。食肉たんぱく質の等電点であるpH5.5付近になると，保水性が低下する。また，アデノシン三リン酸（ATP）が減少し，筋原線維たんぱく質であるアクチンとミオシンが結合して筋肉が収縮する（**死後硬直**）。死後硬直中は食用に適さないため，一定期間低温で貯蔵し，筋肉が解硬したものを食用にする。これを**熟成**という。熟成中に，肉質が軟化し，自己消化により呈味性のあるアミノ酸やペプチドが増し，pHの上昇で保水性が回復する。一般に，牛肉で10〜15日間，豚肉で４〜６日間，２℃で熟成する。熟成初期には，ATPの分解産物として，うま味を呈するイノシン一リン酸（IMP）が一旦蓄積されるが，IMPはさらに分解されるため，ATPの消失によりIMPが生産できなくなるとIMP含量は減少する。そのため，熟成期間が長い場合，食肉のうま味は主にアミノ酸やペプチドに起因する。しかし，鶏肉は**解硬**までの時間が１日以下であり，解硬を目的とした熟成を通常行わないため，鶏肉のうま味にはIMPの寄与が大きい。

２）食肉の調理特性

①　食肉の軟化

食肉は一般に，加熱によるたんぱく質の変性と保水性の低下に伴いかたくなる。

生肉は保水性が高くやわらかいが，加熱により筋原線維たんぱく質は繊維状に凝固して収縮し，筋形質たんぱく質は凝固して豆腐状のカードになる。コラーゲンは加熱により大きく収縮するが，水の存在下で80℃以上で長時間加熱するとゼラチン化が起こり可溶性となるため軟化し，ほぐれやすくなる。したがって，コラーゲンが多く含まれる結合組織の多い食肉は煮込むことでやわらかくなる。保水性は食肉のしっとりした感じややわらかさおよび弾力性に関係し，加熱により溶出する肉汁をいかにして組織中に保持するかはおいしさの要因の一つである。食肉の保水性は，加熱温度が高いほど，pHが等電点付近の5.5に近いほど低い。そのため，pH5.5付近より酸性になる調味料等を添加すると保水性は高くなる。マリネなどで食肉を酸性にすると，筋肉中に存在する酸性プロテアーゼによる筋原線維たんぱく質の分解による軟化も起こる。そのほかの食肉をやわらかく調理する工夫として，繊維に対して直角に切る，あるいは切り目を入れる，肉たたきなどでたたいて筋繊維をほぐすなどの物理的な力による工夫と，果実類などの食材中の**たんぱく質分解酵素**（p.95参照）を活用する（加熱前に果汁あるいはしぼり汁に30分程度浸ける）などがある。

②　食 肉 の 色

食肉の色は鉄を含む暗赤色の**ミオグロビンとヘモグロビン**による。ミオグロビンとヘモグロビンは，酸素に触れるとそれぞれオキシミオグロビンとオキシヘモグロビンとなり，鮮紅色に変化する。しかし，酸化が進むとそれぞれメトミオグロビン，メトヘモグロビンに変化して暗褐色に，加熱によりそれぞれメトミオクロモーゲン，メトヘモグロモーゲンに変化して灰褐色となる。発色剤として食品添加物に指定されている硝酸塩および亜硝酸塩は，ミオグロビンとヘモグロビンをそれぞれニトロソミオグロビンとニトロソヘモグロビンに変化させる。これらは加熱されるとそれぞれニトロソミオクロモーゲン，ニトロソヘモクロモーゲンに変化するが，どちらも赤色を示すため，加熱後の肉色は悪くならない。ミオグロビンの場合を図４−18に示した。

③　食肉の結着性

ひき肉からつくるハンバーグやソーセージなどは，肉の結着性を利用した料理である。ひき肉に食塩を加えてよく練ると，ミオシンが溶解して網目構造が形成され，適度な弾力性がうまれるとともに，肉間ののりのようになる。これを加熱すると，結着性を示すゲルになる。

（3）食肉類の調理

１）生肉と食中毒

肉の生食には食中毒のリスクが高い。また食肉の主たる食中毒菌は，菌数が少なくても発症し，抵抗力が低いと重篤な症状を引き起こす。そのため，牛・豚・鶏の中で，

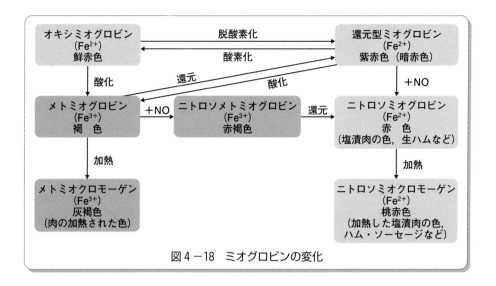

図4−18　ミオグロビンの変化

生食用の販売が認められているのは牛肉（肝臓［レバー］を除く）のみで，それも法令に基づく規格基準に適合したものに限られる。加熱して供卓する場合も，生肉を扱った調理器具が加熱後に使用されないよう注意が必要である。

2）食肉の焼き調理

ビーフステーキのように肉そのものの味を賞味したい場合はヒレやサーロイン，かたロースなどの比較的やわらかい部位の肉を用いた焼き調理が適する。肉のうま味成分を逃さないように，高温で急速に表面のたんぱく質の凝固層をつくり，肉汁の流出を防ぐ。

フライパンで焼く場合は，浸透圧による肉汁の溶出を抑えるために焼く直前に食塩，こしょうを振り，熱した鉄板にのせる。ステーキの焼き加減には，**レア**（中心温度55〜65℃），**ミディアム**（中心温度65〜70℃），**ウェルダン**（中心温度70〜80℃）があるが，豚肉や鶏肉の場合はレアやミディアムでは食さない。

オーブンで蒸し焼きにする場合は，水分や脂肪の損失を少なくするために，食塩を振って肉表面の水和性を高めたうえで油を塗りこみ，高温で肉表面を凝固させた後，温度を下げて好みの焼き加減までじっくり加熱する。一羽そのまま加熱するローストチキンは，骨付きのため，肉の収縮が少なく肉質がやわらかい。

すき焼きは，やわらかい部位を短時間加熱する。霜降り肉が好まれるが，加熱により脂質の一部が流出して内部に多数の空洞ができ，よりやわらかい食感となる。

3）食肉の煮込み料理

結合組織の多いすね肉や三枚肉などは，長時間の加熱でコラーゲンのゼラチン化を促すシチューや東坡肉に適する。ゼラチンはとろっとした食感を与え，繊維状になった筋原線維がほぐれやすくなる。また，脂肪が融解してなめらかな口ざわりを与える。

鶏肉を煮る調理に用いる場合には，うま味の強いもも肉を用いる。ささみや胸肉は淡白で脂質が少なくやわらかいので，蒸して和え物などにする。

4）食肉の揚げ調理

牛肉や豚肉を揚げ調理に用いる場合は，ヒレやロース等のやわらかい部位を用い，高温の油で短時間加熱する。鶏肉のから揚げには，もも肉がよく用いられる。

5）ひき肉の調理

食肉をひき肉にすると結合組織が細かくなり，かたい肉質がやわらかくなる。ハンバーグでは，ひき肉に食塩を加え結着性を引きだし，卵，たまねぎ，パン粉とともに成形して焼く。パン粉は加熱時の肉汁の流出を抑え，卵には組織をつなぐ効果がある。たまねぎは肉の結着性は低下させるが，炒めると甘味と芳香を生じ肉の臭みを消す。

2.2 魚 介 類

（1）魚介類の種類と栄養特性

魚介類には，魚類，貝類の他に，軟体動物のいか，たこ，節足動物のえび，かにや，うに，なまこ，くらげ等，多種類の水産物が含まれる。

1）魚の構造と種類

魚類の筋肉は，筋線維が食肉より短い。この短い筋線維は体長方向に並んでいるが，列ごとに結合組織からなる薄い筋隔膜で区切られて，W字の形をした筋節構造をとる（図4−19）。筋形質たんぱく質であるミオグロビンを多量に含んで赤黒い血合い肉があるのも魚類の特徴である（表4−15）。

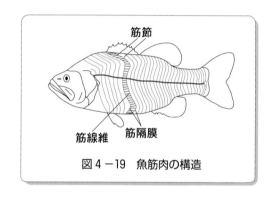

図4−19　魚筋肉の構造

表4−15　魚の筋肉組織と分類

		白身魚	赤身魚	
生　息　域		海底	沿岸	遠洋
模　式　図		淡色 血合い肉	淡赤色 血合い肉	赤色
ミオグロビン量		少ない	やや多い	多い
血合い肉の割合		低い	やや高い	高い
普通肉のたんぱく質	筋原線維たんぱく質	多い	やや少ない	少ない
	筋形質（筋漿）たんぱく質	少ない	やや多い	多い
	肉基質たんぱく質	多い	やや少ない	少ない

　また，魚の種類によって，筋線維の太さや**筋原線維たんぱく質と筋形質たんぱく質**の比率が異なる。白身魚は筋線維が太く，ミオグロビン含量が低く，赤身魚は筋線維が細く，ミオグロビン含量が高い。赤身魚は普通肉も赤色である。ミオグロビンが多いと酸素を効率的に利用できるため，赤身魚は概して運動量が多い。たら，かれい，ひらめなど白身魚は海底近くか海底の砂泥中に棲み，運動量が少ない。まぐろやかつおなどの遠洋回遊魚は，あじ，いわしなどの沿岸回遊魚よりも血合い肉が多い。いわし，さば，あじ，さんまなど群れで遊泳する赤身魚は，背側が青または黒色で腹側が白いので青魚（青背の魚）とも呼ばれる。なお，さけやますはピンク色を呈するが，餌由来のアスタキサンチンによるもので，赤身魚ではない。アスタキサンチンは甲殻類のかにやえびなどにも多く含まれており，生ではたんぱく質と結合していて暗緑色だが，加熱すると遊離するため赤色に変化する。

2）魚介類の旬

　魚介類の成分や味は，同じ魚種であっても時期によって異なる。魚の主な成分の中で，たんぱく質は1年を通じてほぼ20％だが，脂質と水分量は，およそ脂質1〜25％，水分65〜75％の範囲で時期によって相互に変化する。これは，多くの魚介類が産卵期前に活発に餌をとり，グリコーゲンや脂質，遊離アミノ酸などの含量が高くなるためである。この時期，魚介類は1年を通じて最もおいしくなるため，「旬」と呼ぶ。産卵後は，蓄えた成分を消耗するため，味が落ちる。

3）魚介類の栄養成分

　たんぱく質は，食肉と同様に，筋原線維たんぱく質，筋形質（筋漿）たんぱく質，肉基質たんぱく質に大別される（p.101，表4-13）。魚肉の種類，部位により上記3分類のたんぱく質の割合は異なるが，一般に食肉に比べて結合組織に存在する肉基質たんぱく質が少ないため，やわらかい。魚肉のなかでは，かれい，きちじなどの白身魚はコラーゲンが多めでかたく，一方，まぐろ，かつお等の赤身魚は少なくてやわらかい。また，赤身魚はミオグロビンが多いため，白身魚よりも筋形質たんぱく質の比率が高く，逆に白身魚は赤身魚よりも筋原線維たんぱく質の比率が高い。魚肉たんぱく質のアミノ酸スコアは一部の例外を除き100で良好である。貝やたこには肉基質たんぱく質が多いため，加熱しすぎると収縮してかたくなる。

　魚介類の脂質含量は種類，年齢，部位，漁獲時期，栄養状態によって異なる。一般に赤身魚は白身魚より，養殖魚は天然魚より，それぞれ脂質含量が高い。皮下や血合い肉，脂身に脂質は多い。脂肪酸として，**イコサペンタエン酸**（IPA）や**ドコサヘキサエン酸**（DHA）などのn-3系多価不飽和脂肪酸を多く含む。多価不飽和脂肪酸はコレステロール低下作用や血小板凝集抑制作用などの機能性が明らかになっているが，酸化しやすく，干物や冷凍魚での油焼けや不快臭の原因になる。

　灰分は1〜3％である。骨ごと食べる魚や料理からはカルシウムを摂取できる。いか，たこ，えび，かには銅の含有量が高い。

（2）魚介類の調理特性

1）魚介類の鮮度と保存

　魚介類も動物と同様に死後硬直とその後の解硬を起こし，筋肉や消化器中に含まれる酵素による自己消化が起きる。しかし，いずれの速度も食肉より速く，微生物による腐敗も速い。魚肉の鮮度はテクスチャーに大きく関与し，死後硬直中は筋肉が引き締まり，歯ざわりがよいため，生食が好まれる。漁獲方法や漁獲後の処理によって死後硬直を遅らせることや，死後硬直時間を長くすることができる。特に，魚を脳死状態にした後，血抜きをする活締め(いけじ)が効果的で，まぐろやたいなどで行われている。一方，ふぐなど肉質のかたい魚は，むしろ硬直期を過ぎて自己消化を始めた頃の食感がよく，筋肉中のATPの分解が進み，うま味成分であるIMPが増えておいしいとされる。

　自己消化の進行につれて，IMPがヒポキサンチンとリボースに分解されることを利用して，筋肉中のヌクレオチド関連物質重量に対するヒポキサンチンとリボース重量の割合（K値）を魚の鮮度の化学的な判定指標に用いる。一般に，K値が20％以下であれば生食が可能である。しかし，日常的には，簡便な魚の外観（①目が澄んで生き生きしている，②魚体表面がみずみずしく光沢がある，③腹部がしまっていて排泄口付近が汚れていない，④えらが鮮紅色である，⑤魚肉に弾力がある，⑥不快な魚臭がない）を鮮度の判定基準にしている。

　魚の貯蔵や輸送時には，パーシャル・フリージングや氷温貯蔵をすることが多い。魚肉の一部は－3℃前後で氷結するため，魚種により適，不適があるが，パーシャル・フリージングでは，魚肉たんぱく質の変性が少なく，氷温貯蔵よりも鮮度保持に優れている。氷温貯蔵は，魚肉の氷結点にごく近い温度帯なので，呼吸活動は停止する一方で，凍結していないため細胞破壊は少なく，腐敗の原因になる微生物の生育速度を下げることができる。

2）魚介類の呈味成分と魚臭

　魚介類にはそれぞれに特有の味がある。重要なものは，うま味を呈するIMPと遊離のグルタミン酸である。それ以外にグリシンやアラニン，ペプチドや有機塩基，有機酸，糖などが味や風味に関与する。かつお節や煮干しは呈味成分を抽出してだしをとるために利用される。貝類に多く含まれるコハク酸もうま味に関与する。その他，いか，たこなどの軟体動物に多いベタインや各種遊離アミノ酸も食味に影響を及ぼす。

　魚臭には，生ぐさ臭と鮮度の低下に伴うにおいがある。生ぐさ臭の主な原因は海産魚ではトリメチルアミン，淡水魚ではインドール，メチルメルカプタンである。鮮度低下に伴い，微生物によってアミノ酸や脂肪酸からアンモニアや揮発性の酸，含硫の揮発性物質が生成されたり，脂質酸化によってカルボニル化合物が生じたりすることで，さらに複雑な臭気になる。魚臭への対処方法を表4－16に示す。

3）魚介類の加熱による変化

①　魚肉の加熱

　魚肉たんぱく質は加熱により凝固し，筋肉の収縮，保水性の低下，液汁の分離が起

表4-16　魚臭への対処方法

1．魚臭の原因物質を除く
①水洗いをする
②食塩を振ってしばらくおいた後，水洗いをする（脱水作用を利用）
③酢や柑橘類の果汁でアミン類を中和する
④牛乳につける（牛乳に含まれる脂肪球やカゼインに魚臭を吸着させる）

2．魚臭を目立たなくする
①調味料（アルコール（酒やワイン），みそなど）を用いてマスキングする
②香辛料（こしょうや各種スパイス）で抑える
③香りの強い野菜（たまねぎ，セロリー，ねぎなど）で抑える

こり，重量は減少する。魚肉たんぱく質の熱凝固温度は，肉基質たんぱく質35〜40℃，筋原線維たんぱく質40〜45℃，筋形質たんぱく質約60℃であり，40〜50℃の温度帯は組織がやわらかく崩れやすいので，加熱初期は魚肉を動かさず，温度上昇を速めるようにする。図4-20に加熱による魚肉のかたさの変化を示す。

赤身魚は筋形質たんぱく質が多く筋線維が細く，加熱により筋線維の隙間で凝固することで筋線維同士を結着させるため，身がしまり，かたくなる。そのため，角煮にしたり，節にしたりする。一方，白身魚は筋形質たんぱく質が少なく筋線維が太

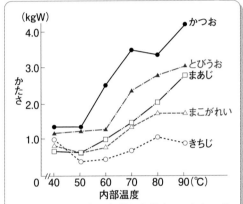

魚肉を40〜90℃に加熱した場合のかたさの変化を示している。5魚種はいずれも，内部温度が高くなるにしたがい，かたさの値は高くなり，高温になるほど顕著である。

図4-20　加熱温度による魚肉のかたさの変化
出典）畑江敬子：魚の科学（鴻巣章二監修），p.140，朝倉書店，1994

いため，加熱により繊維状にほぐれやすい。そのため，でんぶやそぼろにすることができる。

魚肉の筋線維を包んでいる膜や腱，皮などの結合組織の主成分はコラーゲンであり，水とともに加熱するとゼラチンとなって煮汁に溶出する。これが冷えてゲル化したものを煮こごりという。

②　いか・貝類の加熱

いかは脂質が少なく水分が多い。胴の肉には筋線維が体軸に直角の方向に一定の間隔で仕切られて走っている。その外側に4層の，内臓側に2層の表皮がある。外側表皮の外側1，2層に色素が存在する。この2層は手で剝げる（図4-21）。

加熱するとコラーゲンの収縮に伴い筋肉も収縮し，脱水される。外側の1，2層の

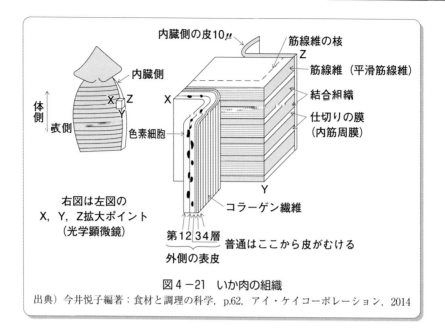

図4－21　いか肉の組織

出典）今井悦子編著：食材と調理の科学，p.62，アイ・ケイコーポレーション，2014

表皮を除いた後，3，4層の表皮に切れ目を入れて加熱すると，内臓側の表皮は収縮し，外側の表皮の切り込みが開くことで，鹿の子や松笠，歯車，唐草のような見た目にできる。切り込みは，噛み切りやすくするとともに，味付きをよくする効果もある。

　いかや貝は長時間の加熱で身が収縮し，かたくなるため，長時間加熱することはあまりない。しかし，あわびを長時間加熱した煮貝や，皮つきのいかに米を詰め長時間加熱したいか飯など，長時間加熱によりコラーゲンがゼラチン化して噛み切りやすく，やわらかくなることを利用した調理方法もある。

4）魚肉のゲル化

　魚肉に2～3％程度の食塩を加え，よく磨砕するとねばりのあるペースト（すり身）になる。この過程で，溶解した筋原線維たんぱく質のミオシンとアクチンはアクトミオシンを形成し，そのまま室温におくと，水和して網目構造をつくり，弾力のある保水性の高いゼリー状のゲルになる（すわり）。さらに加熱すると，網目構造が水を抱き込んだ状態で安定し，しなやかで弾力性（あし）のあるゲルを形成する。すり身を成形して加熱したものが，かまぼこやちくわである。でんぷんを添加すると，すり身から分離する水分を吸収して膨潤・糊化し，アクトミオシンの構造を強化するため，弾力性が高まる。

（3）魚介類の調理

　魚介類を切る前に，表面に付着している微生物を流水で洗う。代表的な海産物の食中毒菌である腸炎ビブリオは食塩濃度2～3％で繁殖するため，洗浄に真水を用いる。表面に付着する細菌の繁殖を抑制するために酢洗いすることがある。これは，魚肉の鮮度低下による魚臭の発生も抑制する。貝は腐敗の進行が速く，一般に，生きている

うちに調理する。食材の入手や保存方法，処理方法を適切に行うことが必要である。

1）魚介類の生食

①　刺身・あらいなど

刺身は，鮮度のよい魚介類を食べやすい形に切り整え，しょうゆなどの調味料をつけて食べる料理であり，生の魚肉特有のテクスチャーを賞味する。このテクスチャーの創成には包丁の切れ味も関与している。一般に，身が厚く肉質のやわらかいかつおやまぐろは，やや厚めの平づくり，角づくりなどとし，ねっとりとした口ざわりを賞味する。比較的かたい肉質を持つひらめ，かれい，ふぐなどは，薄い平づくりや糸づくり，そぎづくりにする。

あらいは，死後硬直を起こす前の新鮮な魚をそぎ切りまたは糸づくりにし，水中（水温は，魚種により氷質～温水など多様）で洗って脂質や魚臭を除き，刺身として食す。あらい処理によって，筋収縮に関わるATPが流出し，アクチンとミオシンが結合してアクトミオシンとなり，筋肉が収縮するので，その食感を楽しむ。たいやこい，すずきのような筋収縮の大きい魚種が適する。

魚介類の表面だけを焼いたり（焼き霜），湯をかけたり（湯引き）して，直ちに氷水で冷やす調理法がある。表皮下のコラーゲンを可溶化して噛み切りやすくし，生臭さを抑える効果がある。かつおを焼き霜にしたたたきや，たいの皮をつけたまま皮を焼いた皮霜づくり，はもの湯引きなどがある。

②　塩　じ　め

新鮮な魚に食塩を振る操作で，食塩濃度が高くなると脱水とたんぱく質の変性により肉質をしめる効果がある。食塩濃度による状態の変化を表4－17に示した。塩じめには，主に，魚肉に直接食塩を振りかける振り塩，食塩水（干物製造：5～15％）に浸ける立て塩，魚肉に和紙をかぶせた上から食塩を振りかける紙塩などがある。

③　酢　じ　め

しめさばは，魚肉表面に多量の塩（10～15％）をして肉質をしめて（塩じめ）から酢に浸した（酢じめ）ものである。塩じめ後，酢に浸すとたんぱく質は変性して白く凝固し，肉質がさらにしまって，かたく，もろく，歯切れがよくなる。塩じめが不十分

表4－17　食塩による魚肉の変化

食塩濃度（％）	魚肉の状態変化
1～2％	浸透圧による脱水 　⇒弾力増加，透明感向上 　⇒脱臭（トリメチルアミンの除去）
2～3％	筋原線維たんぱく質（ミオシン・アクチン）の溶出 　⇒アクトミオシンの形成
15％以上	たんぱく質の不溶化

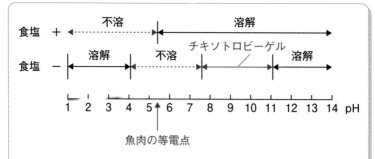

魚肉を食塩でしめてから食酢に浸けるとかたくしまり，白くなり歯切れがよくなる。食酢だけに浸けた場合，魚肉の等電点付近では不溶化するが，pHが下がると肉は膨潤してもろくなる。弱アルカリ浸漬肉の特有なゲル化をチキソトロピーゲルと呼ぶ。チキソトロピーゲルとは，例えばケチャップのように粘性の高い液体は撹拌すると容易に流動体（ゾル）となり，静置するとかたさ（ゲル）を回復するような可逆的な変換をいう。

図4−22　食塩とpHの変化によるミオシンの溶解性
出典）木戸詔子，池田ひろ編：新食品・栄養科学シリーズ 調理学 第3版，p.87，化学同人，2016

だと肉がしまらず膨潤してしまう。これは，筋原線維たんぱく質のミオシンの性質に起因する（図4−22）。

2）魚介類の加熱調理

　魚肉は衛生上安全に食することを目的とする以外に，風味やテクスチャー，形の変化による嗜好性の向上を目的として加熱する。

　魚介類の焼き調理は，表面に焦げ色と香ばしさを付与すると同時に魚臭や余分な脂質を除去して魚の素材味を味わう調理法である。直火焼きでは，1〜2％の振り塩をするか調味液に浸して身をしめ，焼きむらを防ぎながら焼く。しょうゆやみそなどの調味料は焙焼香気を生成して風味を向上させる。皮に切り目を入れると縮みを防ぎ，身くずれを防ぐことができる。魚臭の強い赤身魚の場合，塩を2度に分けて振り，1度目の塩を振った後，しばらくおいて浸透圧で魚から浸み出した液汁をふき取ることでトリメチルアミンなどの生臭みの原因を除き，加熱直前に2度目の塩を振るなどの工夫をする。あゆのような魚をまるごと焼く際には，泳いでいるように串を刺し，焦げやすいヒレにたっぷりの塩をつける化粧塩をして外観を装う。

　ムニエルは，魚の表面に小麦粉を薄く付け，少量の油で焼いたものである。糊化した小麦粉が魚の水分の蒸散を抑えるとともに，油の風味とかりっとした食感を付与する。魚の生臭さが残りやすいので，下処理時に，塩をして出てきた液汁を除いたり，牛乳に浸して生臭さを吸着除去させたりしておく。

　煮る調理では，煮汁が沸騰したところに魚を入れる。たんぱく質を短時間で凝固させ，うま味の流出を防ぐ。煮汁はひたひたにし，落としぶたをすることで煮くずれを防ぎ，調味料の浸透を均一にする。魚臭を揮発させるよう，ふたはしない。煮汁に加えるしょうが，しょうゆ，みりん，みそなども魚臭を抑えるのに役立つ（表4−16）。

2.3　卵　　類

（1）卵類の種類と栄養特性

1）卵の種類と構造

　にわとり，うずら，あひるなどの卵が食用にされているが，鶏卵が圧倒的に多く利用されている。鶏卵は価格が安定しており，栄養価や保存性の高さ，利用のしやすさから消費が多い。

　鶏卵は図4−23に示すように，卵殻部（卵殻，外卵殻膜，内卵殻膜），卵白部（内水様卵白，濃厚卵白，外水様卵白），卵黄部（卵黄，卵黄膜）からなり，卵殻部，卵白部，卵黄部の割合はおよそ11％，57％，32％である。

　卵殻の主成分は炭酸カルシウムで，多数の気孔（平均直径17μm）があり，空気と水分が通過できる。産卵直後にはこれがクチクラで覆われているが，クチクラはもろくはがれやすいので，流通する鶏卵にはほとんどない。ケラチンからなる外卵殻膜とムコ多糖類からなる内卵殻膜の2枚が卵殻の強度を高め，微生物の侵入を防いでいる。2枚の卵殻膜の間に空気を挟む形で気室が形成され，気室は産卵後，徐々に大きくなる。卵黄は卵黄膜に包まれ，カラザとたんぱく質の網目構造が形成されている濃厚卵白により，卵黄が常に卵の中心で，かつ胚が上部に位置するように調整されている。また，卵白たんぱく質には抗菌性を持つものが含まれており，抗菌性のない卵黄を保護している。

2）卵の栄養

　表4−18に鶏卵の卵白と卵黄の一般成分を示す。たんぱく質と脂質，ミネラル，脂溶性ビタミンを豊富に含む。アミノ酸価は100である。

　卵白のたんぱく質で最も多いのはオボアルブミンである。その他に，オボグロブリン，トリプシンインヒビターであるオボムコイド，金属イオンと結合して細菌の生育を阻止する性質を持つオボトランスフェリン，溶菌作用があるリゾチームなどがある。生卵の消化率は50〜70％と加熱卵の約100％より低い。

　卵黄のたんぱく質は，脂質と結合したリポたんぱく質が多い。卵黄に含まれる脂質

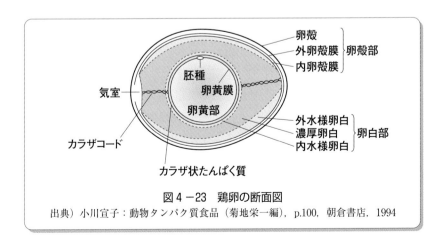

図4−23　鶏卵の断面図

出典）小川宣子：動物タンパク質食品（菊地栄一編），p.100，朝倉書店，1994

表4－18　鶏卵の成分（g/100g）

	水分	アミノ酸組成によるたんぱく質	炭水化物	脂質	灰分
卵白	88.3	9.5	0.5	Tr[1]	0.7
卵黄	49.6	13.8	0.2	34.3	1.7

[1] Trは，微量（0.01以上0.05未満）を示す
（日本食品標準成分表2020年版（八訂）による）

はトリアシルグリセロール，リン脂質，コレステロールである。脂肪酸組成は飼料の影響を受けるが，主にオレイン酸，パルミチン酸，リノール酸などである。リン脂質の多くを**レシチン**（ホスファチジルコリン）が占め，卵黄の乳化作用はこれによる。

　ミネラルとしてはナトリウムとリンが多く，ビタミンA，B_1，B_2，Dが含まれており，いずれも卵黄に多い。卵黄の色素はルテイン，ゼアキサンチンなどのキサントフィル類が主で，鶏の品種や飼料中の成分に影響される。

（2）卵類の調理特性と調理

1）卵の鮮度と品質の判定

　鶏卵の賞味期限は冷蔵保存した場合の生食できる期間を表示している。新鮮なもの以外は賞味期限内でも加熱して食するほうがよい。鶏卵の安全性で最も問題になるサルモネラ菌は62℃以上で死滅するが，賞味期限を過ぎた場合には中心温度が75℃に到達するまで加熱する。なお，割卵した卵は微生物の繁殖を起こしやすいので，新鮮卵でも使い切るようにする。

　鶏卵は貯蔵中の温度の影響を受けやすく，温度が高いと品質低下が激しいため，購入後は0〜5℃で冷蔵するのがよい。品質低下の原因は，卵殻からの二酸化炭素の放出と水分の蒸散によるところが大きい。主な変化は，①卵白のpHの上昇，②気室容積の増加，③濃厚卵白の水様化と粘度の低下（図4－24），④卵殻膜の脆弱化，⑤カラザの脆弱化，⑥卵黄膜の脆弱化などがある。また，これらの変化に伴って，微生物の侵入を容易にして腐敗の要因になる。

　鶏卵の品質の判定法には，光を当てて内部の状態や気室の大きさを確認する方法の他に，以下のようなものがある。

①　塩水比重法

　鶏卵を食塩水に入れて浮沈程度から鮮度を判定する。新鮮卵の比重は1.08〜1.09で，古くなると水分の蒸発で気室が大きくなり比重が小さくなって浮かぶようになる。10％食塩水の比重が1.074であることを利用し，これに沈まない鶏卵は古いと判定する。

②　卵液のpH

　産卵直後の卵白のpHは7.4〜7.6であるが，気孔から二酸化炭素が蒸散してpHは上昇し，9.5〜9.7まで上昇する。一方，卵黄のpHの変化は緩慢で，新鮮卵で5.8であったものが6.5程度まで上昇する変化にとどまる。

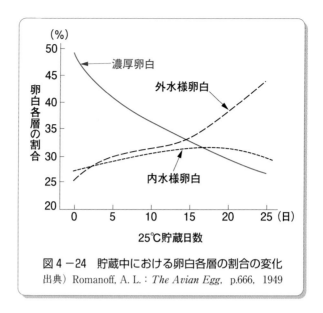

図 4 −24　貯蔵中における卵白各層の割合の変化
出典）Romanoff, A. L. : *The Avian Egg*, p.666, 1949

③　卵 黄 係 数

平板上に割卵し，卵黄の高さを直径で除した値を求める。新鮮卵では0.41〜0.45であり，鮮度低下とともに値は減少し，0.25以下では卵黄膜も破れやすい。

④　濃厚卵白率

全卵白重量に対する濃厚卵白重量の比率で，新鮮卵では50％程度であるが，貯蔵に従い減少する。

⑤　ハウユニット

濃厚卵白の形態変化に重量変化を組み合わせた数値で，濃厚卵白の劣化度を示し，国際的にも広く利用されている。新鮮卵では80〜90であるが，貯蔵に伴い低下する。

$$\text{ハウユニット} = 100 \log_{10}(\text{h} - 1.7\text{W}^{0.37} + 7.6)$$

　　　　W：殻付きの卵重量（g）　h：平らな板の上に割り落としたときの濃厚卵白の高さ（mm）

2）卵の調理特性

①　希 釈 性

鶏卵は割りほぐすと液体になり，水やだし汁，牛乳などで任意の濃度に希釈できるとともに，卵液を均一に調味することができる。希釈率は凝固性に影響し，卵濃度が低くなると，ゲル強度が低くなり，凝固温度が高くなる。卵濃度が約20％以下になると凝固しにくいが，希釈液や添加する調味料によって変化する。器のまま供する茶わん蒸しは，器から出して供する卵豆腐よりもだし汁による希釈率が高い。カスタードプディングの場合は，卵の約2〜3倍の牛乳で希釈した卵液を用いるが，牛乳中のカルシウムイオンの影響により（表4 −21），加熱後のゲルは，器から出して供せる程度に仕上がる。オムレツやだし巻き卵には，卵の0.1〜0.3倍の牛乳あるいはだし汁を加え，高温で短時間加熱することにより卵を凝固させる（表4 −19）。

一方，卵液の粘稠性を利用してほかの材料のつなぎに用いることがある。特に加熱をすると凝固することも利用して，ひき肉調理（ハンバーグなど）や卵とじ，揚げ物の衣に利用される。

② 凝 固 性

卵白，卵黄ともに加熱によりたんぱく質が変性し，凝固する。表4－20に卵白と卵黄を加熱した場合の温度と凝固の状態を示したが，鶏卵には種々の熱凝固温度と等電点が異なるたんぱく質が含まれているため，加熱速度やpHによって，透明度や強度の異なる凝固状態が出現する。

(1) 卵液の熱凝固

たんぱく質の凝固は吸熱反応であり，凝固中は温度上昇が緩慢になる。そのため，希釈卵液をゆるやかに加熱すると低い温度で凝固し，なめらかなゲルになる。凝固が完了すると温度上昇速度は回復する。卵液が過熱されると，**すだち**の原因となる。すだちは，加熱に伴って，卵液に溶存していた気体と水分が気泡となり，外部に逃げる前に周囲のたんぱく質が凝固することによって起こる。すだちにより食感も味も低下するため，これを防ぐためには，あらかじめ卵液をこして気泡を除く，卵液の温度上昇速度をゆるやかにする，卵液の温度を85〜90℃に保つ，ゲル化終了直後に加熱を終了するとよい。ゲル化の起こらない60℃付近で予備加熱すると温度上昇速度が緩慢になる。

卵液に加えるものによって，卵の熱凝固性が変化する（表4－21）。1％程度の食塩の添加は，凝固温度を高め，ゲルをかたくする。牛乳やだし汁で希釈した卵液を加熱

表4－19 卵液の希釈割合

卵：希釈液	卵濃度	調理例
1：0.1	約90％	オムレツ，卵焼き
1：1〜2	50〜33％	卵豆腐
1：2〜3	33〜25％	カスタードプディング
1：3〜4	25〜20％	茶わん蒸し

出典）今井悦子編：食材と調理の科学，p.66，アイ・ケイコーポレーション，2014

表4－20 卵白，卵黄の加熱による変化

	温度（℃）	状態
卵白	58	やや濁る
	63	やや半透明の流動性のあるゼリー状
	70	やや軟らかい凝固
	80	完全凝固
卵黄	63	やや粘稠を帯びる
	70	粘りのあるゲル
	75	弾力のあるゴム状
	80	ほぐれやすいゲル

表4－21 鶏卵の熱凝固に及ぼす添加物の影響

添加物	添加物の影響
塩類	ゲルをかたくする。原子価が大きいほど影響大で，$Na^+ < Ca^{2+} < Fe^{3+}$の順にかたくなる。食塩は1％くらいまでは凝固温度を高め，ゲルをかたくする。牛乳やだし汁で希釈したものは水希釈よりかたいゲルを形成する。
酸	卵白の等電点に合わせると，著しく熱凝固が促進され，60℃で凝固する。ポーチドエッグは3％食酢を使用する。
砂糖	熱凝固を阻害する。凝固温度を高め，やわらかな口あたりのよいゲルを形成する。

出典）木戸詔子，池田ひろ編：新食品・栄養科学シリーズ 調理学 第3版，p.94，化学同人，2016

すると，牛乳中のカルシウムやだし汁に微量に含まれる塩類の影響で，水で同じ濃度に希釈して加熱するよりもかたいゲルを形成する。カルシウムイオンはナトリウムイオンの約4倍の凝固力を示す。一方，砂糖は親水性が高くたんぱく質の変性を抑制するため，濃度が高いほど凝固温度が高くなる一方，すだちができにくく，なめらかなゲルになる。炒り卵をつくる際に砂糖を入れると，固まりにくくなり，なめらかな口当たりになる。ただ，アミノカルボニル反応による焦げ目がつきやすいので注意が必要である。

(2) ゆで卵

加熱する場合は，熱の伝わり方で卵黄の凝固の程度をコントロールすることができる。68～70℃で約30分間保温すると，卵黄が卵白より凝固温度が低いので，卵白は半熟で卵黄は形状を保てる程度に固まって温泉卵になる。ゆで卵の場合，卵黄の方が卵白に比べ比重が小さいため，できあがりの卵黄の位置を卵の中央にするためには，卵白が固化する80℃になるまで卵を時々回転させる。卵をゆですぎると卵黄の表面が暗緑色になる。これは加熱中に卵白から発生する硫化水素が卵黄中の鉄と反応し，硫化第一鉄になるからで，鮮度の低い卵ほどよく起こる。加熱後急冷すると，硫化水素が鉄と反応する前に卵殻の気孔から蒸散するため，変色を抑えることができる。なお，新鮮卵ほど卵殻膜が強靭なため，ゆで卵の殻はむきにくい。

(3) ポーチドエッグ（おとし卵）

卵白はpHにより熱凝固温度が異なる。卵白アルブミンは等電点のpH4.8付近では60℃で熱凝固するが，それ以下のpHでは固まりにくい。3％の食酢と0.8％の食塩を加え，卵白の凝固を促進させる。また，濃厚卵白量が多い新鮮な卵を用い，たっぷりの湯を用いて卵を入れたときの湯温の低下を抑え卵白の分散を防ぐことも必要である。

(4) 皮　蛋

皮蛋はあひるの卵をアルカリ性下で熟成させた中国料理で用いられる食材である。たんぱく質がアルカリ変性を起こしてゼリー状に凝固している。

③ 起　泡　性

卵白を撹拌し徐々に空気を含ませると，気泡の周りに凝集したたんぱく質が表面変性して空気を抱き込み，膜をつくって泡立つ。撹拌程度によって，泡の性状が異なるため，様々な用途に利用できる（表4-22）。

濃厚卵白は，水様卵白に比べて粘度が高いために泡立ちにくいが，安定した泡が得られ

表4-22　卵白泡の性質と調理例

泡立てに伴う変化		調理例
粗い泡	流れる	あく取り
↓	大きい	
↓	透明	
ぬれ泡	山形になる	メレンゲ
↓	細かい	エンゼル
↓	つやがある	ケーキ
	弾力性	
かた泡	角が立つ	スポンジ
↓	きめ細かい	ケーキ
↓	白い	ムース
	安定性	
枯れ泡	つやがない	料理には
	もろい	不適当
	離漿	

出典）木戸詔子，池田ひろ編：新食品・栄養科学シリーズ　調理学　第3版，p.92，化学同人，2016

表４−23　卵白の起泡性に及ぼす添加物の影響

添加物	泡立ての状態		調理上の注意
	起泡性	安定性	
砂　糖 （ショ糖）	△	○	①砂糖は卵白の粘度を増し，泡立ちにくくさせるが，安定性が著しく向上する ②卵白のみで泡立てた後，砂糖を加えるときめが細かく，しっとりした泡になる
レモン汁 （酸）	○	○	①卵白（pH8.2〜9.6）は弱アルカリ性であるが中性付近のほうが気泡の安定性が高いので少量の酸を加えると安定性を増す ②酸が多いと酸味がついたり気泡があらくなる
動植物 油　脂	×	×	油脂は卵白の気泡膜を破壊する作用をもっているので，泡立器やボールは十分に洗浄して油分を除いて用いる
卵　黄	△	△	卵黄中の油脂は乳化状態になっているので強く阻害することはない
水	○	△	少量の水を加えると，泡立ちやすくなる

出典）亀城和子：調理学（川端晶子編），p.226，学建書院，1997を改変

る。したがって，鮮度の高い卵白のほうが泡立てにくいが安定な泡を得ることができる。卵白の温度は高いほうが粘度と表面張力が下がるために泡立てやすいが，高すぎると熱凝固するため，湯煎で40℃までの温度にして泡立てるのがよい。また，卵白の起泡性は，調味料など共存する物質によって変化する（表４−23）。砂糖はたんぱく質の表面変性を抑制し，粘度も高めるために泡立ちにくくするが，泡立った気泡の安定性は増す。そのため，砂糖を添加する際は，ある程度泡立てたところで２〜３回に分けて砂糖を添加するとよい。卵白の等電点付近であるpH4.6〜4.9で起泡性は最大になるため，レモン汁などの酸を加えると起泡性が高くなる。ただ，加えすぎると酸味がついたり，気泡が粗くなったりするので注意が必要である。油脂は起泡膜を破壊するため起泡性，泡の安定性ともに著しく低下させる。卵黄が含まれると起泡性が劣るのも脂質の影響である。卵白と卵黄を分けて泡立てる別立て法を用いることもある。共立て法で泡立てる場合には，40℃以下の湯煎で温めると泡立ちやすい。

④　乳　化　性

卵黄中に含まれるレシチンとリポたんぱく質により，卵黄は乳化性を示す。卵黄の乳化性を利用した食品にマヨネーズがある。卵黄の水分と酢の中に油を乳化させ，水中油滴型（O/W型）のエマルションを形成している。油滴粒子が小さいほど粘度が高くなり，乳化は安定であるため，マヨネーズを調製する際には，油の添加をゆっくりと行い，よく撹拌して分散させるようにする。また，食塩やからしは乳化を安定させる効果があるため，酢に少量の食塩やからしを添加してから油を乳化させるとよい。一般に油と酢は1：7の比率が多く，安定性を保ちやすい。

2.4　乳　　類

（1）乳類の種類と栄養特性

　日本では乳類の原料は牛の乳がほとんどであるが，ヤギやヒツジ，水牛，ラクダの乳も原料になる。

　牛乳類には，牛乳（牛の生乳のみを原料とし，無脂乳固形分8.0％以上，乳脂肪分3.0％以上のもの）の他に，特別牛乳，成分調整牛乳，低脂肪牛乳，無脂肪牛乳，加工乳，乳飲料があり，乳製品には，練乳，粉乳，クリーム，バター，チーズ，ヨーグルト，乳酸菌飲料，アイスクリームなどがある。

1）牛乳の栄養特性

　牛乳は，たんぱく質，乳糖，ミネラル，水溶性ビタミンが溶解した溶媒に，表面がたんぱく質を主成分とした皮膜で覆われた脂肪球と直径0.05〜0.3μmのカゼインが分散した水中油滴型（O/W型）のコロイド溶液である（図4−25）。コロイド溶液のため，においを吸着し，光散乱を起こして白くみえる。カロテノイドやリボフラビンが含まれているため，やや黄色かかっている。多くの場合，製造過程でのホモジナイズ（均質化）により，脂肪球を直径2μm以下にして安定な乳化状態を保っている。

　水分以外の乳成分を乳固形分と呼び，その中の脂肪を除いたものを無脂乳固形分という。

　たんぱく質は，カゼインと乳清たんぱく質に分類できる。**カゼイン**は乳の主要なたんぱく質で，カルシウムやリン酸と結合してミセルをつくって牛乳中に分散しているが，カゼインの等電点であるpH4.6付近では，カルシウムが遊離して等電点沈殿を起こす。この凝固物をカードといい，カードを除いた液体を乳清（ホエー）という。**乳清たんぱく質**にはラクトグロブリン，ラクトアルブミン，ラクトフェリンなどがある。

　炭水化物の99.6％は乳糖（ラクトース）である。甘味度は，ショ糖（スクロース）の半分以下であるが，牛乳のほのかな甘みになっている。乳糖分解酵素のラクターゼ（β-ガラクトシダーゼ）の分泌低下によって乳糖が分解できず牛乳で下痢などを示す乳糖不耐症向けに無乳糖調整粉乳や分解加工した乳飲料が市販されている。

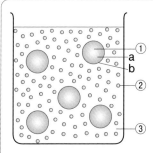

①脂肪球
（径 0.1〜10μm，2×10⁹個／mL 牛乳）
a：トリアシルグリセロール，脂溶性ビタミン
b：リン脂質，たんぱく質，コレステロール

②カゼインミセル
（径 0.05〜0.3μm，2×10¹³個／mL）
カゼイン，カルシウム，マグネシウム，リンを含む

③乳清たんぱく質，ラクトース，ミネラル（ナトリウム，カリウム，塩素など），水溶性ビタミン

図4−25　牛乳成分の状態の模式図
出典）亀城和子：調理学（川端晶子編），p.232，学建書院，1997

　乳脂肪は主に中性脂肪（トリアシルグリセロール）で，それ以外にリン脂質，コレステロール，遊離脂肪酸が含まれている。脂肪酸としてはパルミチン酸が約30％で最も多く，70％を飽和脂肪酸が占める。特に，酪酸，ヘキサン酸，オクタン酸，デカン酸などの短鎖脂肪酸あるいは中鎖脂肪酸を 1 〜 3 ％ずつ含み，これらが牛乳独特の風味に影響している。低脂肪乳は乳脂肪分が0.5％以上1.5％以下，無脂肪乳は乳脂肪分が0.5％未満であり，普通牛乳に比べて風味やこくが少ない。

　ミネラルはカルシウムが多く，他に，カリウム，塩素，リン，ナトリウム，マグネシウムも含まれている。ビタミンは豊富で，特にビタミンAとB群が多い。

2）乳製品の栄養特性

① クリーム

　クリームは，牛乳を遠心分離機で分離して得られた乳脂肪で水中油滴型（O/W型）のエマルションである。クリームには脂質以外に，糖質やたんぱく質が含まれており，エネルギーは高い。この乳製品に代わるものとして，植物性油脂と乳脂肪等を加えたもの，もしくは植物性油脂だけを原料とした乳化油脂も用いられる。それらの分類を表 4 –24に示す。脂肪含量30％以上のものは濃厚でホイップに適しており，製菓に用いられる。脂肪含量が20％前後のものはコーヒーや紅茶に加えるのに適している。

② バ タ ー

　バターは，牛乳を撹拌し，脂肪球の皮膜を破壊し，乳脂肪を凝集させた油中水滴型（W/O型）のエマルションである。食塩を約 2 ％加えた**有塩バター**と**食塩不使用バター**がある。有塩バターの方が保存性が高い。日本では**非発酵バター**がほとんどであるが，乳酸菌で発酵させたクリームを原料として調製した**発酵バター**もあり，独特の風味がある。

　バターの水分は約15％，脂質は約80％であり，低鎖あるいは中鎖脂肪酸（酪酸，ヘキサン酸，オクタン酸など）が含まれ，他の油脂にはみられない特有の味や香りを持つ。

③ チ ー ズ

　チーズはナチュラルチーズとプロセスチーズに大別される。**ナチュラルチーズ**は乳を乳酸菌で発酵させるか，乳に凝乳酵素キモシンを加えて凝乳させ，そこから乳清を

表 4 –24　クリーム類の種類と成分と特徴

名称	脂肪の種類	添加物	特徴
クリーム	乳脂肪18％以上	なし	こくや風味が強い。保存性が低い。
乳または乳製品を主要原料とする食品	乳脂肪	乳化剤，安定剤など	こくや風味が強い。添加物により保存性やホイップ性が改良されている。
	乳脂肪＋植物性脂肪	乳化剤，安定剤など	こくや風味は残っている。 価格は上記より低い。
	植物性脂肪	乳化剤，安定剤など	こくや風味は弱い。価格は安い。

※植物性油脂の主なものは，ヤシ油，パーム油，ナタネ油である。

表4−25　主なナチュラルチーズと利用例

タイプ	かたさ	チーズ名	主な生産国	熟成微生物	熟成期間	主な利用例
ハード	超硬質	パルメザン	イタリア	プロピオン酸菌	2〜3年	粉チーズ
	硬質	グリュイエール	スイス	プロピオン酸菌	6〜12か月	フォンデュ，グラタン
		エメンタール	スイス	プロピオン酸菌	6〜12か月	フォンデュ，グラタン
		エダム	オランダ	乳酸菌	3〜10か月	オードブル，粉チーズ
ソフト	半硬質	ゴーダ	オランダ	乳酸菌	3〜10か月	オードブル，プロセスチーズ
		チェダー	イギリス	乳酸菌	3〜10か月	オードブル，プロセスチーズ
		サムソー	デンマーク	ライネンス菌	1〜2か月	ピザ
		ブリック	アメリカ	ライネンス菌	1〜2か月	オードブル
		ゴルゴンゾーラ	イタリア	青かび	数か月	リゾット，オードブル，パスタ
		ロックフォール	フランス	青かび	3〜9か月	サラダ，オードブル
フレッシュ	軟質	カマンベール	フランス	白かび	数週間	オードブル，デザート
		ブリー	フランス	白かび	数週間	
		カッテージ	イギリス フランス	なし		サラダ
		クリーム	デンマーク			サラダ，ケーキ
		マスカルポーネ	イタリア			ティラミス
		モッツァレラ	イタリア			ピザ

除去して固形にしたもので，これをさらに微生物により熟成させたものもある（表4−25）。一方**プロセスチーズ**は，いくつかのナチュラルチーズを乳化剤とともに加熱融解して成形したもので，味が一定で保存性が高い。カゼインと乳成分を主成分とし，カルシウム，リンなどのミネラルやビタミンが豊富である。チーズの成分は様々だが，たんぱく質や脂質が多く，原料乳に多いカルシウムやビタミン類を多く含む。

④　**ヨーグルト**

ヨーグルトは乳を乳酸菌で発酵させ，生成された乳酸の影響でpHが低下し，カゼインが等電点沈殿を起こしたものである。水分が約85％で，たんぱく質を約4％，脂質を1〜3％，糖類を約5％含む。カリウム，カルシウム，リン，ビタミンB群を含む。

（2）乳類の調理特性と調理

1）牛乳の調理特性と調理

牛乳を加熱すると60℃付近から表面に白い皮膜ができ始める。加熱によってラクトグロブリンとラクトアルブミンが変性し脂肪球を取り込んで表面に浮かんで被膜を形成すると考えられている。これを**ラムゼン**（ラムスデン）**現象**と呼ぶ。加熱を65℃以下にし，加熱時に軽く混ぜていると皮膜の生成をある程度防ぐことができる。75℃付近で加熱臭が生じるが，これは，乳清たんぱく質の有するチオール基（SH基）から発生する硫化水素などによる。温度がさらに上昇するとカラメル臭に変化する。

酸でカゼインの等電点pH4.6付近にしたり，キモシンなどの凝乳酵素（レンネット）でカゼインの一部を分解することで生成したカゼインの沈殿物から，ヨーグルトやチーズがつくられる。酸によるカゼインの沈殿は，野菜のクリーム煮などで，果実や野菜中に含まれる有機酸によって凝固物ができる原因にもなる。

牛乳を用いる調理例は以下のようなものがある。

① 白く仕上げる。 例：ブラマンジェ，ホワイトソース

② 特有のなめらかさと風味を添える。 例：クリームシチュー

③ カルシウムによってたんぱく質やゼリーのゲル強度を高める。 例：カスタードプディング，ペクチンゼリー，ゼラチンゼリー

④ アミノカルボニル反応により焦げ色と加熱香気をつける。150℃以上では乳糖のカラメル化も起こる。 例：クッキー，ホットケーキ

⑤ カゼインミセルの脱臭効果を利用する。 例：魚やレバーの下処理で牛乳に浸す。

２）乳製品の調理特性と調理

① クリームの調理

クリームは水中油滴型（O/W型）のエマルションであるが，撹拌すると細かい気泡がクリーム内に抱き込まれ，その周りにたんぱく質，脂肪球が凝集したホイップクリームになる（図４−26）。

脂肪の凝集は５〜10℃で起こりやすいので，全体を５〜10℃に冷やしながら，泡立て操作によって熱が生じないように適切なリズムで静かに撹拌する。撹拌しすぎると油中水滴型（W/O型）への転相が起こり，バターになるため注意が必要である。ホイップクリームにどのくらいの空気が含まれているかはオーバーラン（（ホイップ後の体積―ホイップ前の体積）/ホイップ前の体積×100）で示すことができる。砂糖はたんぱく

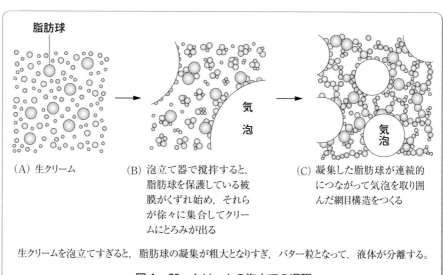

（A）生クリーム

（B）泡立て器で撹拌すると，脂肪球を保護している被膜がくずれ始め，それらが徐々に集合してクリームにとろみが出る

（C）凝集した脂肪球が連続的につながって気泡を取り囲んだ網目構造をつくる

生クリームを泡立てすぎると，脂肪球の凝集が粗大となりすぎ，バター粒となって，液体が分離する。

図４−26 クリームの泡立ての過程
出典）河田昌子：お菓子「こつ」の科学，pp.120〜121，柴田書店，1987に一部加筆

質の表面変性を阻害して起泡の安定性を低下させ，オーバーランを小さくするので，ある程度撹拌して泡が形成された後に砂糖を加え，再び撹拌するとよい。

②　バターの調理

バターは，用途に合わせて，固形のまま（テーブルバター，パイ皮用バターなど），やわらかくする（サンドイッチ，バタークリーム，クッキー，パウンドケーキなど），溶かす（シューの皮，ルー，ムニエル，スポンジケーキ，澄ましバター，焦がしバターなど）などの多様な形状で，幅広く用いられる。熱媒体として使用する場合は，含有されるたんぱく質や糖質によって焦げやすいため，一度溶かして乳脂肪以外の成分を除いた**澄ましバター**を用いることもある。バターの調理特性については，次節の油脂類の項目で述べる。

③　チーズの調理

チーズはそのまま前菜やサンドイッチ，デザート（軟質や硬質のナチュラルチーズおよびプロセスチーズなど）に用いたり，加熱によって溶かしてチーズフォンデュ，グラタン，ピザ（硬質や半硬質のナチュラルチーズ）などに用いられる（表4–25）。ナチュラルチーズが加熱によって溶けて糸をひくのは，たんぱく質が変性して球状から糸状になったためである。

文　献

山崎清子，渋川祥子，下村道子，杉山久仁子：NEW調理と理論，同文書院，2011

3．抽出食品素材

　抽出食品素材とは，動植物性食品に物理化学的処理を施し，特定の物質として取り出し精製・加工したものである。油脂類としては各種動植物性油脂と加工油脂，糖類としてはでんぷん，寒天，ペクチン，カラギーナンなどがあり，たんぱく質類としてはゼラチン，大豆たんぱく質などがある。

3．1　油　脂　類

　油脂は，グリセリン1分子に多様な脂肪酸3分子がエステル結合したトリアシルグリセロール（中性脂肪）で，動植物性食品中には様々な油脂類が含まれている。含量の多い食品から油脂を抽出し，精製または加工したものを食用油脂という。単独の食品として摂取されることは少なく，調味料や加熱調理の媒体として用いられることが多い。

（1）油脂の種類と特徴

　油脂は，常温で液体の油（oil）と常温で固体の脂（fat）に分類される。一般に不飽和脂肪酸が多いものほど融点が低く常温で液体の油となり，逆に飽和脂肪酸の多いものほど融点が高く常温で固体の脂となる。加工油脂に分類されるマーガリンやショートニングは，常温で液体の油脂に水素を添加して固体化したもので，製造過程でトランス脂肪酸が生成される（図4-27）。油脂の種類と性質を表4-26に示した。

1）食用植物油脂

　植物油脂の中で広く流通する18種類の油脂については，日本農林規格（JAS）に基準が定められ，用途に応じた精製度合の差異により等級が定められている。

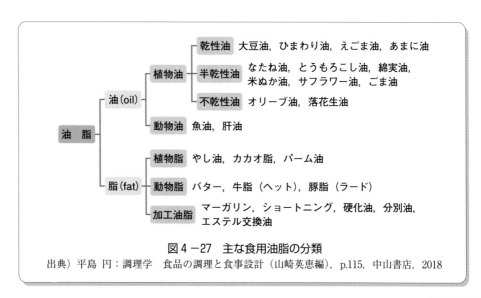

図4-27　主な食用油脂の分類
出典）平島　円：調理学　食品の調理と食事設計（山崎英恵編），p.115，中山書店，2018

表4－26　油脂の種類と性質

名　　称		飽和脂肪酸	一価不飽和脂肪酸	多価不飽和脂肪酸	オレイン酸	リノール酸	リノレン酸	融点 (℃)	発煙点 (℃)	特　徴
天然油	大豆油	14	23	57	24	53	8	−8〜−7	195〜236	生産量最大
	なたね油	6	57	31	59	22	11	−12〜0	186〜227	てんぷら油に使用
	とうもろこし油	13	33	49	35	51	2	−15〜−10	222〜232	でんぷん製造後の胚芽から抽出
	オリーブ油	12	71	11	75	10	1	0〜6	150〜175	特有の香りと色（黄緑色）
	ごま油	14	37	43	39	45	1	−6〜−3	172〜184	未精製で香りが強い
	米ぬか油（米油）	18	39	35	42	37	1	−5〜−10	――	さらっとした風味，酸化されにくい
	サフラワー油	9	13	73	13	76	0	−5	――	酸化されやすい
	綿実油	22	18	54	18	57	1	−6〜−4	216〜229	酸化されにくい
	ひまわり油	10	18	67	19	70	1	−18〜−16		マーガリン，ショートニング用
	落花生油	22	42	34	42	35	0	0〜3	150〜160	品質が安定している
調合油	てんぷら油	12	33	49	35	43	9	――	――	大豆油7：なたね油3
	サラダ油	8	47	39	49	31	10	――	――	大豆油3：なたね油7
天然脂	パーム油（油ヤシ）	48	38	9	39	10	0	27〜50	189〜235	マーガリン，ショートニング原料
	カカオ脂	57	41	2	34	3	0	32〜39	――	菓子製造（チョコレート，ココア）
	やし油（ココヤシ）	85	6	2	7	2	0	20〜28	190	コーヒー用クリーム，ラクトアイス
	バター	51	21	2	5	3	1	28〜38	208	
	豚脂（ラード）	40	46	10	43	10	1	28〜48	190	風味とコクがある
	牛脂（ヘット）	46	46	3	43	3	0	40〜50	190	融点が高いため温かいうちに食べる
加工油脂	マーガリン（ソフトタイプ）	18	32	27	41	32	3	――	――	バターの代用，硬化油に乳化剤，香料，着色料など添加，水分を含む
	ショートニング	34	49	6	32	6	1	――	――	植物油を使用，油脂量100%

＊「――」は数値不明
出典）柳沢幸江，柴田圭子編：調理学―健康・栄養・調理―，p.132，アイ・ケイ コーポレーション，2016を一部改変

①　食用調合油

　食用植物油脂品質表示基準（農林水産省）では，食用植物油脂に属する油脂（香味食用油を除く）のうち2種類以上の油を調合したものを**食用調合油**という。使用された油の種類は，調合割合の多い順に原材料名に記載されている。てんぷら油やサラダ油として用いられることが多い。

②　てんぷら油

　JASの精製油（白絞油）に分類される大豆油，とうもろこし油，なたね油，米ぬか油，ごま油などから2〜3種類調合して用いられる。調理時には，熱安定性がよく発煙点が高く，加熱による劣化や粘度変化の少ないものが扱いやすい。

③　サラダ油

　家庭用の植物油のほとんどがサラダ油に分類される。サラダ油は，JASの品質規格

で定められた名称で，「高度精製油」のことである。揚げ物や炒め物，ドレッシングなどに利用されるが，生食することを前提につくられているため風味も淡白で酸化しにくく，精製油からさらに，低温で固まる成分が除去（ウィンタリング＝脱ろう）されている。0℃の冷却試験で5時間以上清澄であることが要求されるため，冷蔵保存しても濁らず沈殿物などが生じにくい。

2）固 体 脂

動物の皮下脂肪，内臓周辺から加熱抽出・精製した豚脂（ラード），牛脂（ヘット），羊油，鶏油の他，植物性のやし油（ココヤシ）やパーム油（アブラヤシ），加工油脂のバター，マーガリン，ショートニングなどがある。

3）加 工 油 脂

① バ タ ー

牛乳に含まれる乳脂肪分を凝集して固めたもので，種類は，発酵バターと非発酵バター（フレッシュバター）に大きく分けられる（p.119参照）。

② マーガリン，ファットスプレッド

食用油脂に水を加えて食塩，乳化剤，着色料などを加えて乳化した後に急冷して練り合わせたもので，水分はバターと同程度である。始めは牛の脂肪を原料としていたが，現在は植物油を原料としてつくられており，脂肪酸を種々変化させた口溶けのよいタイプなど，様々な種類が製造されている。JASでは，油脂の含有量が80％未満のものをファットスプレッド，80％以上のものをマーガリンと定義している。

③ ショートニング

精製した動物性油脂（鯨油など）や植物性油脂（パーム油など）を練り合わせたもので，無味無臭であり室温でやわらかい固形のものが一般的である。保存性が高く，菓子類のサクサク感を出すために用いられる。ショートネス（もろく砕ける性質）に由来し，食用油脂に乳化剤などを加えて練り合わせたもので水分は含まない。

（2）油脂の調理特性

一つの調理には，複数の「油脂の調理特性」が関与している場合が多い。

1）熱 の 媒 体

油は140～220℃位の温度帯で炒め物や揚げ物などの高温調理に利用されるため，水の100℃よりも高温の熱媒体として有効である。また，常温における水の比熱4.18kJ/kg・Kに対して油脂の比熱は2.0kJ/kg・K前後であり，同一熱量で水の約2倍の温度上昇が可能である。炒め物は短時間加熱のため，食品の退色も少なく栄養素の損失も少ない。てんぷらやフライなど揚げ物の適温は160～190℃で，材料は油の中で全面から急速に加熱されるため，短時間に材料を加熱できる。しかし，油温が高すぎると食品が焦げやすく，油の酸化が促進される。また，油の種類や精製度，劣化度によっても異なるが，一定以上の温度帯で発煙するため，油温の管理には十分注意する必要がある。

２）油の香味・食味

トリアシルグリセロールは無味無臭であるが，油脂は他の脂溶性成分を含むため，食品に特有の風味が加わる。それと同時に，なめらかな食感を与え，炒め物，揚げ物，ドレッシング類の嗜好性を高める。また，食品に含まれる不味成分の辛味や渋味などは，油を使って調理することで緩和される。

３）油脂の融点

油は常温では液体であるが−5〜0℃にすると凝固して白くなる。脂は常温では固体であるが，気温の変化や口中に入れて温度が高くなると脂肪が軟化して融解する。融点は油脂の脂肪酸組成に支配され，一般に脂肪酸の炭素数が多いものほど融点が高く，二重結合の数が多いほど融点が低くなる。飽和脂肪酸の多い動物性油脂は融点が高く，不飽和脂肪酸の多い植物性油脂は融点が低い。融点の低い豚脂や鶏脂は，口溶けしてやわらかい食感となり，融点の高い牛脂は冷えると凝固し，口溶けせず食味は低下する。豚脂の融点は牛脂より低く口の中でも溶けやすいため，ロースハムなどの豚肉加工品は冷凍に適している。バターは口中でよく溶け，特有の芳香を持つ。

４）可　塑　性

固体油脂は可塑性を示す。可塑性とは，物体に力を加えると変形し，その力を取り除いても変形がもとに戻らない性質である。可塑性を示すのは固体脂指数（油脂全体に占める固体脂の割合）が約15〜25％の範囲内で，その温度帯は油脂の種類によって異なる。固体脂指数と温度の関係を図4−28に示した。バターが可塑性を示すのは13〜18℃で，折り込みパイなどに利用される。

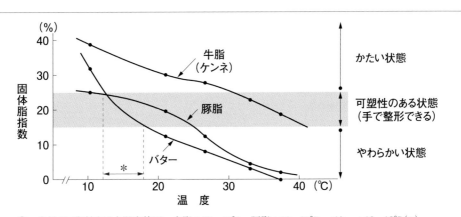

① 　良好な可塑性を示す温度範囲　牛脂：30〜40℃，豚脂：10〜25℃，バター：13〜18℃（＊）

② 　固体脂指数（％）＝$\dfrac{\text{固体脂量}}{\text{総油脂量}} \times 100$

　　40％以上：油脂はかたい固体状を示す。
　　15〜25％：可塑性を示す。すなわち，粘土のように指で整形できる柔軟性をもつ。
　　10％以下：非常にやわらかい。

図 4 −28　牛脂，豚脂，バターの固体脂指数
出典）河田昌子：お菓子の「こつ」の科学，p.155，柴田書店，1987

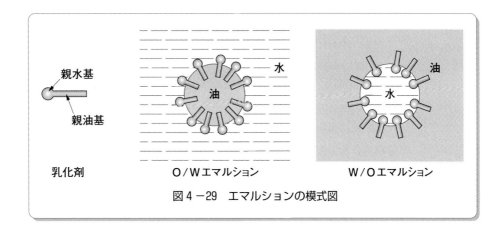

図4-29　エマルションの模式図

5）乳　化　性

　油と水は互いに混じり合わないが，乳化剤が存在すると油または水が油滴または水滴となり乳濁液（エマルション）をつくる。乳化剤は水に溶ける親水基と油に溶ける親油基を持っており，双方が溶けて仲立ちをする界面活性剤の一種である。油が粒子（分散相）になって水の中（連続相）に存在する乳濁液を水中油滴型（O/W型）（oil in water）エマルションという。分散相が水で連続相が油のものを，油中水滴型（W/O型）（water in oil）エマルションという。O/W型にはマヨネーズ，牛乳，生クリームなどがあり，W/O型にはマーガリン，バターなどがある。近年では，W/O/W型（コーヒー用・ホイップ用クリーム）やO/W/O型（バタークリーム）などの複合エマルションも開発されている。エマルションの模式図を図4-29に示した。

6）疎　水　性

　油脂は水に溶けず，水を含む食品とは混ざらないため，食品同士や食品と容器の接着防止や防水に用いられる。プディング型や天板などに油をぬるのは，疎水性を利用して調理器具に材料が付着するのを防ぐためである。サンドイッチをつくる際にパンにバターをぬるのは，材料から出る水分をパンが吸収するのを防ぐためである。また，炒め物では，材料の表面にできる油の被膜により，水溶性成分の溶出を防ぐ。

7）ショートニング性

　油脂を小麦粉に加えて焼いた菓子で得られるような，もろく砕けやすいテクスチャーをショートネスといい，これを与える性質をショートニング性という。これは，油脂が小麦粉中のでんぷんやたんぱく質の周りに薄膜状に広がり水分を入りにくくするため，グルテンの網目形成やでんぷんの膨潤が妨げられて生じる物性である。ショートニング性を利用したものにクッキー，クラッカー，パイなどがある。

8）クリーミング性

　クリーミング性とは，バターなどの固体脂を泡立て器で撹拌したときの空気を抱き込む性質で，空気が細かい気泡となり油脂中に分散するため，軽い口当たりとなる。クリーミング性により，パンやケーキは小麦粉生地に気泡を分散させ，きめは均一に

なり，膨化度が上昇する。クリーミング性の大小はショートニング＞マーガリン＞バターの順である。

（3）油脂の酸化，変敗

　油脂は，保存や加熱により劣化し，これを**酸化**（oxidation），**変敗**（deterioration）という。酸化には空気中の酸素，光，微生物，温度，金属イオン，加水分解，酵素作用や材料の種類，水分などが影響し，油の香りや味を悪化させる要因となる。

　食用油脂の酸化を予防するためにトコフェロールやアスコルビン酸などの抗酸化剤を用いることもあるが，完全に酸化を防止することは難しい。油脂の酸化，変敗の測定には色やにおい，泡立ちの状態を評価する官能評価法や，過酸化物価，カルボニル価，酸価などの化学的測定法，粘度などの物理的測定法などがある。

１）自動酸化

　酸化にはいくつかあるが，その中の一つに不飽和脂肪酸が空気中の酸素に酸化されて，過酸化物，ハイドロパーオキサイドをつくる反応がある。この酸化は自動的に分解や重合を繰り返すため**自動酸化**と呼ばれている。動物性食品を揚げた場合や揚げ玉をそのままにしておくと，油の酸化は促進される。

２）熱　酸　化

　熱をかけることにより酸化が起こる**熱酸化**は，ハイドロパーオキサイドの蓄積ではなく，重合や分解を起こす反応である。重合物は泡立ちや加熱油臭の要因となる。揚げ油は，高温で長く加熱するほど，また揚げ材料は動物性食品の方が植物性食品より酸化しやすく，不快臭や毒性のあるアルデヒド類を生成する。劣化を防ぐには，加熱中に揚げ玉をまめにとることや，一定の温度で加熱することも一つの方法である。使用後はなるべく早く冷まし，揚げかすをろ過して冷暗所に保存する。

3.2　でんぷん類

　でんぷんは，植物の根，茎，種実などの細胞中に粒の形で蓄えられている貯蔵多糖類で，分離・精製して用いられる。加熱糊化することにより粘性が出て，冷却するとゲルを形成することから，調理・加工に広く用いられている。

（1）でんぷんの種類と特徴

１）種　　類

　でんぷんは，地上（種実）でんぷんと地下（根茎）でんぷんに大別される。地上でんぷんは，米，小麦，とうもろこし，豆類などの種実に，地下でんぷんは，じゃがいも，さつまいも，くず，キャッサバなど地下茎や根に貯蔵されたでんぷんである。また，サゴヤシなど，樹幹に多量のでんぷんを蓄積するものもある。でんぷんの特性（粒径，糊化開始温度，粘度，透明度など）は，地上でんぷんか地下でんぷんかにより，厳密に言えば原料によって異なる（表4－27）。

表４−27　でんぷんの種類と特徴

でんぷんの種類			平均粒径 (μm)	アミロース (%)	でんぷん6%		ゲル	
原　料	通　称	粒　形			糊化開始温度 (℃)	最高粘度 (BU)	ゲルの状態 (でんぷん7%)	透明度
種実でんぷん　米	米でんぷん	多面形	5	17	67.0	112	もろく，かたい	やや不透明
小麦	浮き粉	比較的球形	21	25	76.7	104	もろく，やわらかい	やや不透明
とうもろこし	コーンスターチ	多面形	15	28	73.5	260	もろく，かたい	不透明
緑豆	緑豆でんぷん	卵形	15	34	73.5	900	もろく，非常にかたい	やや不透明
根茎でんぷん　じゃがいも	馬鈴薯でんぷん，片栗粉	卵形	33	22	63.5	2,200	ややもろく，かたい	透明
さつまいも	甘薯でんぷん	球形，だ円形	15	19	68.0	510	ややもろく，かたい	透明
くず	くず粉	卵形	10	23	66.2	450	弾力性あり	透明
キャッサバ	タピオカ	球形	20	18	62.8	750	強い粘着性	透明
かたくり	——	卵形	25	18	54.2	980	ややもろく，弾力性あり	透明
幹　サゴヤシ	サゴでんぷん	だ円形	31	26	71.0	135	さくっと割れやすい	透明〜不透明

BU＝粘度（ブラベンダーユニット）　　——＝流通していない
出典）下村道子，和田淑子編著：新調理学，p.131，光生館，2015，一部改変

２）構　　造

　でんぷんはグルコースが千から数十万重合している巨大な高分子で，グルコース糖が直鎖状に α-1, 4結合したアミロース（amylose）と，α-1, 4結合の他にα-1, 6結合で枝分かれしたアミロペクチン（amylopectin）から構成されている。アミロペクチンは，アミロースの周囲に水素結合によって比較的規則正しく配列する。これを**ミセル構造**と呼び，結晶的な性質をもつ（p.70，図４−１参照）。でんぷんのアミロース含量は通常17〜30％で，残りがアミロペクチンである。アミロースとアミロペクチンの比率は植物によって異なり，でんぷんのゾルやゲルの物性に大きな影響を与える。

（２）でんぷんの調理特性と調理
１）糊化と老化
①　糊　　化

　生のでんぷん（β-でんぷん）に水を加えて加熱すると，でんぷん粒は吸水膨潤し粘稠性のある糊状になる。これを糊化という。少なくとも30％以上の加水を必要とし，通常50〜60℃ででんぷんが膨潤し始める。この温度域を**糊化開始温度**という。糊化により，でんぷん粒の結晶性は消失し，でんぷんの粘度と透明度は急激に上昇する。アミロペクチンのミセル構造がゆるむため，酵素の作用も受けやすく消化されやすくなる。また，でんぷん粒が最大に膨潤したときに最大の粘度を示す。さらに，このときの温度以上に加熱するとでんぷん粒子が崩壊し，粘度が低下する（ブレークダウン）。

　でんぷん糊液の粘度は，調味料の影響を受ける。その影響はでんぷんの種類によって異なり，一般的には，食酢，しょうゆは粘度を低下させ，砂糖は粘度を上昇させる。

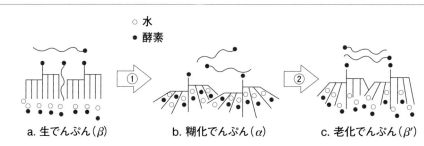

○ 水
● 酵素

a. 生でんぷん（β）　　　b. 糊化でんぷん（α）　　　c. 老化でんぷん（β′）

①生でんぷんを水とともに加熱するとでんぷん粒は吸水膨潤し，アミロペクチン分子のミセル構造がゆるんで「糊化」する。
②糊化したでんぷんを常温に放置しておくと，水素結合が増加して分子が集合し，再びミセル構造をつくり元のでんぷんに近い状態に戻ろうとする。この現象を「老化」という。

図４−30　でんぷんの糊化・老化の模式図
出典）松永暁子，貝沼圭二：家政誌，32，653，1981

砂糖は親水性が高いため，50％以上使用すると脱水作用が起きて糊化しにくくなる。食塩は，じゃがいもでんぷんに添加すると，少量でも粘度を大きく低下させる。油を添加すると粘度は高くなるが，これは油が乳化された状態になるためである。

②　老　　化

糊化したでんぷんを常温で放置して温度が低下すると，でんぷん分子同士の水素結合が増加して再びミセル構造をつくろうとする。つまり，糊化でんぷん（α-でんぷん）の一部が生でんぷん（β-でんぷん）に近い状態になる。これを**でんぷんの老化**という。でんぷん糊液のゲル化も老化の一つである。老化は糊化の状態が不完全な場合や，水分が30～60％，温度が０～５℃で顕著に進行する。糊化直後に水分をとばす熱風乾燥や凍結乾燥処理（水分15％以下）により老化の進行を遅らせることができる。糊化でんぷんに砂糖を添加した場合も老化が抑制される。糊化でんぷんは消化・吸収されやすいのに対して，老化でんぷんはかたく食味も劣る。でんぷんの糊化・老化の模式図を図４−30に示した。

２）形状と調理（粉末での利用，ゾル状での利用，ゲル状での利用）

①　粉末での利用

から揚げや肉団子などの調理では，でんぷんは粉末のままで利用され，水分を吸収したり材料のつなぎとして用いられる。その他に粘つきを防止したり，糊化でんぷんの皮膜で食品を覆い成分の流出を防ぐことができる。

②　ペースト状（でんぷんゾル）での利用

でんぷん濃度の低い懸濁液を加熱したでんぷんゾルは，コロイド状であるため口当たりがよい。汁物にとろみを付けたり，あんかけ料理では調味料をからめやすくする。でんぷんゾルの調理例として，くず湯，くずあん，薄くず汁などがある。

③　ゼリー状（でんぷんゲル）での利用

でんぷんゾルは濃度が高くなると，冷却した場合にゲル化して形を保つようになる。

表4－28　でんぷんの形状別調理例と特徴

形　状	調理例	特　徴
ペースト状 （でんぷんゾル）	くず湯 くずあん 薄くず汁	生産量の少ないくずでんぷんの代替に，透明度と粘度の高いじゃがいもでんぷん（片栗粉）が用いられる。汁に粘度がつくため熱の対流が妨げられ，保温性があり，具は沈みにくく，なめらかな口当たりが得られる。
ゼリー状 （でんぷんゲル）	カスタード クリーム， 黄身酢	カスタードクリームは卵黄，牛乳，砂糖を混合したものにでんぷんを加えて加熱し粘りをつけたもの，黄身酢は卵黄に酢，食塩，砂糖，でんぷんを混ぜ，湯煎にして加熱したものである。
	くずさくら， くずまんじ ゅう	くずでんぷんに水を加えて加熱撹拌（半糊化）し，ペースト状にしたもの。あずきあんを包み，蒸して完全に糊化した和菓子で，透明度と保形性が重要である。
	ごま豆腐， くるみ豆腐	くずでんぷんに，ごままたはクルミのすりつぶしたものを加えて，よく練りながら加熱糊化し冷却してゲル化させたものである。
	ブラマンジェ	ブラマンジェ(仏：blanc-manger）は白い食べ物という意味で，牛乳，砂糖，コーンスターチを混合して弱火で加熱撹拌後，型に入れて冷やし固めたものである。
その他	タピオカパ ール	キャッサバのでんぷんをタピオカともいう。半糊化した球状のでんぷんを乾燥したものがタピオカパールである。スープの浮き実やゼリー，プディングなどにも用いられる。
	はるさめ	はるさめは，でんぷんの老化を利用して加工した食品の一例で，緑豆でんぷんを主に，さつまいもやじゃがいもでんぷんも用いられる。

　ゲルの性状はでんぷんの種類，濃度，調味料，加熱および冷却条件により異なるが，バラバラな食材を結合させ，なめらかな口当たりと粘弾性のある歯ごたえにする。また，のどごしがよく，嚥下しやすい形状に整える効果もある。でんぷんゲルの調理例として，カスタードクリーム，くずさくら，ごま豆腐，ブラマンジェなどがある。

　④　その他の利用

　その他の形状として，パール状でんぷんのサゴパールやタピオカパール，はるさめなどがある。表4－28にでんぷんの形状別調理例と特徴を示した。

3.3　ゲル化素材

　日本で使用量の多いゲル化素材は植物から抽出される多糖類で，中でもでんぷんの使用割合が大部分を占める。その他，海藻から抽出される多糖類や，微生物が産生する多糖類，動物から抽出されるたんぱく質類などがある。いずれも，水を加えて加熱すると流動性のあるゾルになり，冷却するとゲルになる性質を持つ。表4－29に主なゲル化素材の種類と調理特性を示した。

表4−29　主なゲル化素材の種類と調理特性

	動　物　性	植　物　性			
	ゼラチン	寒　天	カラギーナン	ペクチン	
				HMペクチン*1	LMペクチン*2
成　　　　分	たんぱく質 アミノ酸が細長い鎖状に並んだもの	糖質（多糖類） ガラクトースとその誘導体が細長い鎖状に並んだもの		糖質（多糖類） ガラクツロン酸とその誘導体が細長い鎖状に並んだもの	
原　　　　料	動物の骨や皮 （主として，牛，豚）	海　藻 （てんぐさなど）	海　藻 （すぎのりなど）	果実，野菜 （柑橘類，りんごなど）	
所在と機能	細胞間質 組織の保持	細胞壁 細胞の保持		細胞壁，細胞間質 細胞の保持	
抽出方法	熱　　水				
製品の形状	板状，粉状，粒状	板状，糸状，粉状	粉　　状		
溶解の下準備	水に浸して膨潤させる	水に浸して吸水させる	砂糖とよく混合しておく		
溶解温度（℃）	40〜50	90〜100	60〜100	90〜100	
ゲル化条件 濃度（%）	1.5〜4	0.5〜1.5			
ゲル化条件 温　度	要冷蔵*3	室温で固まる			
ゲル化条件 液　性 （pH）	酸にやや弱い （3.5〜）	酸にかなり弱い （4.5〜）	酸にやや強い （3.2〜）	酸にかなり強い （2.7〜3.5）	酸にやや強い （3.2〜6.8）
ゲル化条件 その他	たんぱく質分解酵素を含まないこと		種類によっては，カリウム，カルシウムなどによりゲル化	多量の砂糖 （55〜80%）	カルシウムなど （ペクチンの1.5〜3.0%）
ゲルの特性 口当たり	やわらかく独特の粘りをもつ，口のなかで溶ける	粘りがなく，もろいゲル，ツルンとしたのどごしをもつ	やや粘弾性をもつゲル	かなり弾力のあるゲル	種類によって粘りや弾力性が異なる
ゲルの特性 保水性	保水性が高い	離水しやすい	やや離水する	最適条件からはずれると離水する	
ゲルの特性 熱安定性	夏期にくずれやすい	室温では安定			
ゲルの特性 冷凍耐性	冷凍できない		冷凍保存できる		
ゲルの特性 消化吸収	消化・吸収される	消化されない			

＊1：高メトキシペクチン
＊2：低メトキシペクチン
＊3：10℃以下
出典）河田昌子：お菓子「こつ」の科学，p.244，p.245，柴田書店，1987に一部加筆

（1）ゲル化素材の種類と特徴

1）植物由来（ペクチン，こんにゃくグルコマンナン）

　植物はその種類により，種子（グァーガム，ローカストビーンガム），樹液（アラビアガム），果実（ペクチン），根茎（でんぷん，こんにゃくグルコマンナン）などから多糖類が抽出される。

①　ペクチン

　ペクチン（ペクチニン酸）は，D-ガラクツロン酸がα-1,4結合で直鎖状につながった

難消化性の多糖類である。一部のガラクツロン酸がメチルエステル化しており，メトキシ基含量が7％以上か未満かにより，高メトキシ（HM）ペクチンと低メトキシ（LM）ペクチンに分類される。柑橘類やりんごなどの熟した果実に含まれるペクチンの多くがHMペクチンである。

HMペクチンは，55％以上の高濃度の糖とpH3.5以下の酸の存在によりゲル化する（p.95参照）。LMペクチンは，カルシウムイオンやマグネシウムイオンなど二価の陽イオンの存在によりゲル化するので，ミルクゼリーやヨーグルトドリンクなどをつくることができる。ゲル化には砂糖を必要としないため，低エネルギーゲルとなる。

②　こんにゃくグルコマンナン

こんにゃくは，こんにゃくいもの中に含まれる多糖類のこんにゃくグルコマンナンをゲル化剤として，アルカリを加えて加熱し固めた食品である。こんにゃくグルコマンナンは増粘効果が非常に高く，強固で耐熱性のあるゲルを形成する。

2）海藻由来

①　寒　　天

寒天はてんぐさ，おごのりなどの紅藻類に含まれる粘性物質を煮出して冷却凝固し，凍結，融解，乾燥を繰り返して水分を除いてつくる。市販の寒天には，天然製造の角（棒）寒天，糸寒天，工業的に製造する粉末寒天，粒状寒天などがある。主成分はガラクトースなどの多糖類で，ゲル化力の強いアガロース（70％）とゲル化力の弱いアガロペクチン（30％）からできている。ゼリー，ようかん，寄せ物などに広く用いられる。

寒天ゲルは弾力のある歯切れのよい食感を持っている。ゼラチンに比べてゲル化力は強いが，離水しやすい性質がある。溶解温度，凝固温度，融解温度は比較的高い。寒天の溶解には90℃以上が必要で，寒天を水に浸して吸水・膨潤させた後，副材料は一切加えず，水だけを加えて沸騰中に十分に溶解させる。ゲル化温度は35℃前後であり室温で凝固する。寒天濃度は通常仕上がり寒天液の0.5〜1.5％で，濃度が低いほど透明度は高いが，離水しやすい。ゲルの融解温度は70〜80℃であるため，寒天ゲルを型から取り出し室温に放置しておいても融解しないが，離水する。保存が進むにつれても

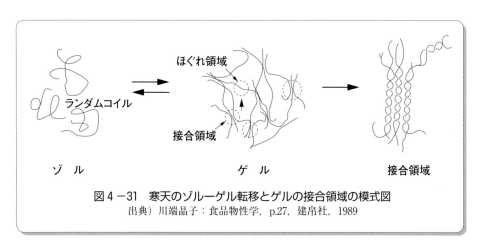

ランダムコイル

ほぐれ領域

接合領域

ゾル　　　　　　　　　ゲル　　　　　　　　接合領域

図4−31　寒天のゾル−ゲル転移とゲルの接合領域の模式図
出典）川端晶子：食品物性学，p.27，建帛社，1989

ろさも増す。また，ゲルの付着性が劣るため多層ゼリーには適さない。

　砂糖の添加によりゲルは粘弾性が強くかたくなり，透明度が向上して離水もやや抑えられる。一方，酸で加水分解されやすく，高温ほどゲル化能が低下し，pH 3以下ではゲル化しない。果汁は通常60℃以下で加える。あんや気泡卵白など比重の異なる食材を加える際（淡雪かんなど）は，凝固が始まる少し前の温度で混ぜると分離しない。

②　カラギーナン

　カラギーナンは，紅藻類のスギノリ科およびミリン科の細胞膜から抽出・精製されるガラクトースとその誘導体からなる多糖類である。硫酸基の結合状態やアンヒドリ架橋の有無により，κ（カッパ），ι（イオタ），λ（ラムダ）の3種類に分類される。ゲル化するのはκとιで，硫酸基の少ないκ-カラギーナンのほうがゲル化能が高い。λ-カラギーナンはゲル化せず，とろみを付けるために用いられる。

　κ-カラギーナンは，70℃以上に加熱すると溶解し，35〜45℃程度以下でゲル化する。ゼリーに使われる濃度は，κ-カラギーナンで0.5〜1.5％である。カラギーナンゼリーは，寒天とゼラチンの中間的なテクスチャーを示し，寒天よりも透明度が高い。カリウムイオンやカルシウムイオンの陽イオンが共存するとゲル形成が促進され，強固なゲルを形成する。たんぱく質のカゼインとの相性もよく，カルシウムイオンとカゼインを含む牛乳を加えるとかたいゼリーとなる。酸を加えると加水分解されるため，やわらかいゼリーとなり，寒天よりも離水しやすい。ゼリーや乳製品のほか，ソーセージやハムなどの畜肉製品にも利用される。

　ローカストビーンガム（マメ科植物種子由来の多糖類）と併用するとゲル強度と粘弾性が上昇し，保水性も改善されるため，市販品には両者の混合物が多く用いられる。

3）動物由来

　動物性のゲル化素材は，たんぱく質の加熱変性によりゲル化するものがほとんどである。代表的なものとしてゼラチンと鶏卵があり，調理に頻繁に用いられる。

①　ゼラチン

　ゼラチンは，動物性の結合組織に含まれる**コラーゲン**を熱変性させて精製したものである。主成分はたんぱく質で，アミノ酸組成ではトリプトファンとシスチンに欠けるが，消化・吸収はよい。市販のゼラチンには粒状，粉状，板状がある。

　ゼラチンの基本構造は，約1,000個のアミノ酸が細長い鎖状に並んでいるが，いったん溶かしたものを冷却すると，仲間同士が引き寄せ合って細かい網目構造をつくる（図4-32）。ゼラチンは，ババロア，ゼリー，グミキャンディーなどに用いられるとともに，アイスクリームやシャーベットの安定剤やマシュマロなどにも用いられる。

　ゼラチンゲルは，透明度が高くてやわらかく粘稠性がある。ゲル形成がよく離水は少ない。付着性があり，添加物の内容を変えた2〜3色ゼリーもつくることができる。

　市販のゼラチンはいずれも乾燥品であるため，あらかじめ水に浸して吸水，膨潤させる必要がある。6〜10倍の水に粉末は5分，板状は20〜30分浸すとよい。**使用濃度**は液に対して1.5〜4％，**溶解温度**は40〜50℃である。ゼラチンの凝固温度は濃度にも

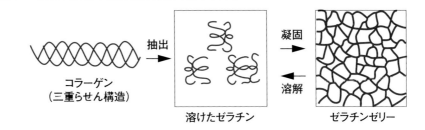

ゼラチンの溶けた溶液が冷却されると，ゼラチンが細かい網目構造を呈し独特の弾力性を持つゼラチンゼリーができあがる。可逆性があり，温度によって凝固と溶解を繰り返す。

図4-32　コラーゲンからゼラチンゼリーへの基本構造の変化
河田昌子：お菓子「こつ」の科学，p.227，柴田書店，1987をもとに作図

よるが，10℃以下と低いため冷蔵庫か氷中で冷却する必要がある。ゼラチンゲルの付着性は型から出す際に障害となるため，40℃位の湯につけて周りを溶かしてから出すとよい。ゼラチンゼリーの融解温度は20～25℃付近と低いため，口溶けやのどごしがよい。砂糖はゼラチン溶液の凝固温度，ゲルの融解温度を高め，透過率，かたさ，粘稠度を増加させるとともに崩れるのを防ぐ。ゼラチンは酸性，特にpH 4以下ではゲル強度が低下するため，酸味の強い果汁を加える際は，ゼラチン濃度や添加時の温度などに配慮する。また，たんぱく質分解酵素を含む果実（p.95参照）や果汁を加えるとゲル化しないため，加熱して酵素を失活させて用いる。牛乳を加えると，含まれる塩類の影響によりゲル強度は上昇する。

4）微生物由来

微生物の中には代謝過程の老廃物として，体外に多糖類を排出するものがある。これが微生物産生多糖類のゲル化素材である。工場で生産量のコントロールができ，安定した供給量と価格であることから，近年，使用量が増加している。

① キサンタンガム

単独ではゲル化しないが，0.5％程度の水溶液は高い粘性を持つ。水への溶解性が非常に高く，高濃度の糖類や食塩が含まれる食品中でも溶解し安定したとろみをつけることができるため，市販のたれ類や惣菜用調味料，スープ類に使用される。乳化の安定性や固形物の分散防止に効果があり，オイルドレッシングや飲料，とろみ調整食品などに多用される。

② ジェランガム

ゲル化能は非常に高く，わずか0.2％の濃度でゲル化する。約90℃で水に溶解し，その水溶液を30～40℃以下に冷却するとゲル化する。二価の陽イオン，特にカルシウムイオンを添加するとかたいゲルが形成される。ゲルは透明度が高く，耐熱性，耐酸性に優れ，100℃でも溶けないため，温めて食べる料理や温かいゼリー，果汁入りのゼリーなどに使用される。

４．調味料・香辛料

４.１　調　味　料

（１）砂　　糖

１）砂糖の種類と特徴

　砂糖は，最も一般的な甘味調味料である。原料から糖蜜を除いた分蜜糖と糖蜜を含んだまま結晶化させた含蜜糖に大別されるが，さらに製法や精製度，加工形態によって多くの種類に分類される（表４-30）。

　また，砂糖に代わる様々な甘味料が開発されている。プシコース，アロースなど自然界に微量にしか存在しない単糖とその誘導体を希少糖と呼び，生活習慣病予防効果などの生理機能が注目されている。

２）砂糖の調理特性

　砂糖は，調理・加工品の仕上がりを左右する多様な調理特性を有する。

　砂糖の主成分であるショ糖（スクロース）は水酸基の多い構造のため，親水性が高く，

表４-30　砂糖の種類と特徴

種類			ショ糖 濃度(g/100g)*	特徴	主な用途
分蜜糖	精製糖	ざらめ糖			
		グラニュー糖 99.9		粒径0.2-0.7mmでざらめ糖の中で最も細かい。味は淡白。	製菓，喫茶，乳幼児の飲食物
		白ざら糖 99.9		粒径1.0-3.0mm。グラニュー糖と同じく純度が高い。	高級和洋菓子
		中ざら糖 99.8		粒径1.0-3.0mm。分蜜時にカラメルをかけるので黄褐色。	佃煮，奈良漬け
	車糖	上白糖	97.9	粒径0.1-0.2mm。固結防止に転化糖が噴霧されるのでしっとりしている。	一般家庭用
		中白糖	—	上白糖と同様だが，分離時に結晶化を繰り返しカラメル化するので淡黄色。	煮物
		三温糖	97.4	分離時に中白糖からさらに結晶化を繰り返しカラメル化するので薄茶色。	佃煮，煮物
	加工糖	角砂糖	99.9	グラニュー糖にシロップを加え立方体に成形，乾燥したもの。	喫茶
		氷砂糖	99.9	純度の高い精製糖を溶解後大きく結晶化したもの。	果実酒
		粉糖	99.7	グラニュー糖を粉砕機で粉にしたもの。	製菓飾り用
		コーヒーシュガー	99.9	カラメルを加え，着色した糖液から氷砂糖と同様につくる。	コーヒー
	和三盆		98.0	白下糖に水を加え，手で練り上げ糖液をとる作業を繰り返す。結晶が微細。糖蜜が一部残り特有の風味。	高級和菓子
含蜜糖	黒砂糖		87.3	糖蜜を含む。不純物による独特の風味。貯蔵性が低い。	駄菓子，蜜

＊文部科学省：日本食品標準成分表2020年版（八訂）による

表4－31　砂糖溶液の加熱による状態変化と用途

温度(℃)	冷却時の状態	用途
100-110	さらっとした液体で結晶化しない。	シロップ
110-115	つやがあり水あめ状。白色。	フォンダン
115-120	固まるがやわらかく，固まった表面はややざらつく。白色。	砂糖衣
120-135	加熱温度の上昇につれて，固まった後のかたさがやわらかい状態から変形しない程度のかたさへと変化する。	キャラメル～ヌガー
140-150 150-160 160-165	冷却時100～80℃程度の間は糸をひく。 固まるとかたいが割れやすい。 淡黄色に色づく。	抜絲（銀絲） 抜絲（金絲） ｝あめ
170-190	褐色。香ばしい（カラメル臭）。	カラメル

溶解度も高い。水温が0℃でも溶解度は64％である。溶解度は温度が高くなるほど上昇し，水100gに溶けるショ糖量で示すと20℃で約2倍（204g），100℃で約5倍（487g）量が溶解する。砂糖濃度の上昇に従って粘度や比重も上昇する。また，沸点も上昇し，昇温中に水分が蒸発して濃縮され最終的には砂糖100％の砂糖液となる。

　液温が130℃を超えると，ショ糖が分解され転化糖ができはじめ，160℃以上でさらに脱水縮合されてカラメルとなる。この変化の過程で砂糖溶液を冷却すると，形状や色，香りが様々に変化する。このような変化は調理加工に利用されている（表4－31）。

　また，砂糖の親水性は，水を結合水として食品中にしっかりと保持し，自由に動き回れる自由水を減少させる。この保水性の高さが，砂糖の調理特性に反映されている。砂糖の調理特性について，表4－32に主なものをまとめる。

（2）食　　塩
1）食塩の種類と特徴
　食用塩は塩化ナトリウム（食塩）を主成分とする塩味調味料である。主として家庭や料理店などで使われる塩（生活用塩）は海水や岩塩を原料とするが，国産のほとんどは海水を原料とする。

　塩味の主体は塩化ナトリウムなので，食用塩の呈味は，その他の成分（マグネシウム，カルシウム，カリウムなど）の含量によって微妙なちがいを生じる。また，粒度・形状が異なることによって，溶解速度が変化するため，使用用途によって適切に選択する必要がある。

2）食塩の調理特性
　食塩には，塩味の味付け以外にも多様な調理特性がある。その主なものを表4－33に示す。

表4－32　砂糖の調理特性

調理特性	内　容	利用例
防腐作用	食品の水分活性を低下させ，微生物の増殖を抑制し保存性が高まる。	ジャム，砂糖漬け
でんぷんの老化防止	糊化でんぷんの水分を保持し，老化を遅らせる。	求肥，カステラ
ゼリーの形成	高メトキシペクチンのゲル化には，適度な酸度と50％以上の砂糖が必要。	ジャム
たんぱく質の熱凝固抑制	凝固温度を高めて，すだちを抑えてやわらかいゲルをつくる。	カスタードプディング
気泡の安定性	卵白を泡立てる際に，気泡周囲の水分に砂糖が溶け込むと，保水性と粘性が上昇し，気泡が安定する。起泡前に添加すると，粘性が上がり泡立ちにくい。	メレンゲ
褐色色素の生成	アミノ基とカルボニル基が共存すると，アミノカルボニル反応により褐色色素のメラノイジンが生成する。クッキーなどの焼成によるきつね色は，主にメラノイジンで一部はカラメルである。	クッキー，パン
酸化抑制効果	濃厚な砂糖溶液では，酸素の溶解度が低下し，クリームやバターの酸化を抑制する。	バターケーキ
発酵性	イーストの栄養源となり，発酵を促す。	パン

表4－33　食塩の調理特性

調理特性	内　容	利用例
防腐作用	5～30％の食塩濃度で微生物の繁殖を防ぐ。好塩菌以外の微生物は食塩濃度15％以上で繁殖できない。	漬物，佃煮，魚の干物
脱水作用	浸透圧の差によって，水分を引き出す。魚は脱水に伴って，くさみも除去できる。	野菜・魚の振り塩
たんぱく質の熱凝固の促進	魚・肉・卵のたんぱく質の熱凝固を促進する。	茶碗蒸し
たんぱく質の粘着性の向上	肉の塩溶性たんぱく質が溶出して会合し網目構造を形成する。加熱すると弾力のあるゲルができる。	練り製品，ハンバーグ
グルテンの形成促進	小麦粉ドウに食塩を加えて練るとグリアジンの粘性が高まり，グルテンの網目構造が緻密になる。	うどん，パン
酵素作用の抑制	酸化酵素（ポリフェノールオキシダーゼ，アスコルビン酸オキシダーゼなど）の働きを阻害。	野菜・果物の褐変防止
緑色の保持	クロロフィルの加熱による退色を防ぐ。	青菜のゆで物

（3）しょうゆ

1）しょうゆの種類と特徴

　しょうゆは，大豆と小麦，食塩を原料とし，麹菌と乳酸菌，酵母によって発酵，熟成した液体調味料で，JAS規格によって5つに分類されている（表4-34）。そのほか，しょうゆ100g中に食塩が9g以下のものは「減塩しょうゆ」，5種類のしょうゆの塩分を80％以下にしたものには「うす塩」「あさ塩」などの表示が認められている。

2）しょうゆの調理特性

　しょうゆは非常に広範な料理に用いられている。その主たる調理特性を以下に示す。

①　味・香り・色

　主としては塩味を付与する調味料であるが，製造過程の発酵，熟成中に生成するアミノ酸，有機酸，糖などによって，うま味，酸味などが加わり，複雑で深みのある味を呈する。そのため，実際の食塩濃度よりもまろやかな塩味に感じられる。また，300種類以上の香気成分が料理に特有の香りを与える。この香りは加熱によって変化するので，しょうゆの香りを活かしたい場合は，しょうゆを最後に加える。しょうゆの色は，アミノ酸類と糖類によるアミノカルボニル反応によって生成したメラノイジンに由来する。照り焼きなど，しょうゆにみりんや砂糖を加えて加熱すると，さらにアミノカルボニル反応が起こり，特有の味と香りを生じる。

②　弱　酸　性

　しょうゆは有機酸を多く含み，pH4.6～4.8の弱酸性を示す。そのため，緑黄色野菜にしょうゆを加えた調味液中で加熱するとクロロフィルの退色が進行する。野菜類や豆類，いも類を加熱する場合も，ペクチンの分解が起こりにくいためにかたくなる。

③　その他の調理特性

　魚肉や食肉の生臭みをマスキングして感じにくくする。

表4-34　しょうゆの種類と特徴

種類	特　　徴	塩分濃度(g/100g)*
こいくち	全国で使用されている一般的なしょうゆ。	14.5
うすくち	色の薄いしょうゆで，塩分濃度はこいくちより10％程度高い。関西を中心に，食材の色を活かしたい煮物などに用いられる。	16.0
たまり	主原料が大豆で，小麦はごくわずか使用されることがある。とろみがあり，うま味が濃厚。色つや良く仕上げたい照り焼き，佃煮，せんべいなどに用いる。中部地方でよく使われる。	13.0
さいしこみ	食塩水の代わりに生揚げしょうゆを使って仕込む。色・味・香りが濃厚で，寿司や刺身のつけじょうゆとして使われることが多い。	12.4
しろ	主原料が小麦で大豆はごくわずか使用される。うすくちよりも色の薄い琥珀色のしょうゆ。味は淡白だが甘味が強い。主に愛知県で使われる。	14.2

＊文部科学省：日本食品標準成分表2020年版（八訂）による

表4－35　みその種類

麹の原料による分類	味・色	食塩濃度(g/100g)*	銘柄例
米みそ	甘	6.1	白みそ，西京みそ
	淡色・辛	12.4	信州みそ
	赤色・辛	13.0	仙台みそ
麦みそ		10.7	長崎みそ
豆みそ		10.9	八丁みそ

＊文部科学省：日本食品標準成分表2020年版（八訂）による

（4）み　　そ

1）みその種類と特徴

みそは，蒸した大豆に麹と食塩を加えて発酵，熟成させたペースト状の調味料である。麹をつくる原料と熟成期間によって，風味や色が変化する（表4－35）。

2）みその調理特性

塩味を主とするが，うま味，甘味，酸味が調和した特有の味を呈し，独特の芳香を放つ。風味は種類によって異なるため，目的に合わせてみそを選択する。2種類のみそを組み合わせて，合わせみそとして使用することもある。香りは加熱すると変化し，加熱しすぎると低下する。

みその香りは，魚や獣肉の生臭みをマスキングするが，みそのコロイド粒子が原因となる成分を吸着し，一層，生臭みを和らげることができる。また，魚や獣肉のみそ漬けでは，みそ中のプロテアーゼの働きによって，肉質がやわらかく仕上がる。

（5）食　　酢

1）食酢の種類と特徴

食酢は，アルコールを原料とし，酢酸菌にて酢酸発酵させた醸造酢と酢酸に調味料などを加えた合成酢に大別される。農林水産省の定める食酢品質表示基準による分類を表4－36に示す。

2）食酢の調理特性

食酢には，原則酸度が約4％で，酢酸を主体として乳酸，コハク酸，クエン酸など種々の有機酸を含み，食物に酸味を付与する。表4－37にそれ以外の調理特性の主たるものをまとめる。

（6）み　り　ん

1）みりんの種類と特徴

もち米，米麹，米焼酎（またはエタノール）を原料として醸造したもので，アルコール分が11〜14％含まれる酒類調味料である。40〜50％の糖類とアミノ酸や有機酸など

表4−36　食酢の種類

分　　　類				酸度*
醸造酢	穀類，果実，野菜その他の農作物，はちみつ，アルコールを原料としたものを酢酸発酵させた液体調味料で，氷酢酸，酢酸を使用していないもの。			4.0%以上
	穀物酢	米，小麦，大麦，酒かす，コーンなどの穀類を1種類または2種類以上使用したもので，その使用総量が醸造酢1Lにつき40g以上のもの。		4.2%以上
		米酢	米の使用量が穀物酢1Lにつき40g以上のもの。	
		米黒酢	原料として米またはこれに小麦，大麦を加えたもののみを使用したもので，米の使用量が穀物酢1Lにつき180g以上で，発酵および熟成により褐色または黒褐色に着色したもの。	
		大麦黒酢	原料として大麦のみを使用したもので，大麦の使用量が穀物酢1Lにつき180g以上で，発酵および熟成により褐色または黒褐色に着色したもの。	
	果実酢	果実を1種または2種以上で使用したもので，その使用総量が穀物酢1Lにつき搾汁300g以上のもの。		4.5%以上
		りんご酢	りんごの搾汁の使用量が果実酢1Lにつき300g以上のもの。	
		ぶどう酢	ぶどうの搾汁の使用量が果実酢1Lにつき300g以上のもの。	
合成酢	氷酢酸または酢酸の希釈液に砂糖類，酸味料，調味料，食塩などを加えたもの，またはこれらに醸造酢を加えたもの。			──

＊醸造酢のJAS規格による

表4−37　食酢の調理特性

調理特性	内　　　容	利用例
殺菌作用	乳酸菌以外の細菌は耐酸性が低いため，繁殖を抑制できる。	魚の酢洗い，マリネ
消臭作用	魚臭の原因であるトリメチルアミンと反応し，その揮発性を抑制して，魚臭を弱める。	魚の振り塩
たんぱく質変性への影響	ゆで水に少量の食酢を加えると卵白アルブミンの熱凝固が促進される。さばに食塩を振って食酢に漬けると肉質がかたくしまる。	ポーチドエッグ，しめさば
酵素活性への影響	筋肉中の酸性プロテアーゼが活性化し，たんぱく質が分解するので，肉が軟化する。れんこん，うどなどのポリフェノールオキシダーゼ活性を阻害して褐変を抑制する。	肉のマリネ，野菜の褐変防止
色素への影響	アントシアン系色素は酸性で赤くなる。フラボノイド系色素は酸性で白くなる。クロロフィルはフェオフィチン化によって褐色化する。	梅漬けのしそ，カリフラワー等の下ゆでピクルス

を含む。アルコール分を除くため，軽く沸騰させて（煮切り）使用することがある。みりんに似せてアルコール分を 1 ％以下にしたみりん風調味料などもある。

2）みりんの調理特性

　みりんは甘味を呈し，含まれる糖類のほとんどがブドウ糖（グルコース）である。みりんの甘味は砂糖より穏やかで，砂糖の 3 倍量で同程度の甘味を付与できる。グルコースはショ糖（スクロース）より分子サイズが小さいこと，さらにアルコールが共存することによって，砂糖より甘味が食品に浸透しやすい。糖類によって，食品に「てり」や「つや」をだすこともできる。煮切るとアミノカルボニル反応が起こって，色や香りがよくなる。

　また，みりんは不快臭に対する消臭効果を示す。アルコールが揮散するときに，共沸が起こり，不快臭の原因物質の揮発を促進し，においを和らげる。魚臭などの原因となるアミン類は，みりん由来のアミノカルボニル反応生成物などが反応し，揮発量が減少することが確認されている。さらに，みりんは，ペクチンの分解を抑制し，じゃがいもの煮崩れを防ぐことが報告されている。

4.2　香　辛　料

（1）香辛料の種類

　一般に，香辛料は，特徴的な香りや辛味を持つ植物の葉，茎，果実，花蕾，樹皮，種子，根，地下茎などの生鮮品または乾燥品およびその粉末の総称である。その香り，味，色を利用して，臭み消し，香りづけを行って風味を増大し，辛味などの刺激の付加や

表 4 − 38　混合スパイスの種類と特徴

種　類	主な用途	特　徴
七味唐辛子	和食	とうがらしを主体にしそ，陳皮，ごま，けしの実，あさの実，しょうが，山椒，あおのりなどから計 7 種類の香辛料を混合したもの。
五香粉（ウーシャンフェン）	中国料理	クローブ，シナモン，フェンネル，スターアニス（八角），陳皮，花椒などから 5 種類程を混合。
ブーケガルニ	フランス料理	西欧（主にフランス）の煮込み料理に使われる香辛料の束。パセリ，ローリエ，ペッパーなど数種類の香辛料を組み合わせる。
チリパウダー	メキシコ料理	とうがらしを主体にクミン，オレガノ，ガーリック，パプリカ，オールスパイス，クローブ，ディルなどを組み合わせたもの。
ガラムマサラ	インド料理	クローブ，コリアンダー，シナモン，クミン，カルダモン，ペッパー，とうがらしなどの 3 〜10種類のスパイスを混合したもの。カレーの黄色を呈するターメリックは含まれない。
カレーパウダー	カレー	イギリス発祥。カレーがつくりやすいように20〜30種の香辛料を調合。

着色により食欲を増進させる。草本植物の花蕾，茎葉から調製されたものをハーブ，それ以外のものをスパイスと呼ぶこともある。香辛料は世界的には350種以上あるといわれる。また，いくつかの香辛料をあらかじめ調合して使いやすくしてあるものもある（表4－38）。

（2）香辛料の調理特性

香辛料の働きは，賦香作用，矯臭作用，辛味付与作用，着色作用の4つに大別できる。これらの作用別に，主な香辛料を表4－39～表4－41にまとめた。

表4－39　賦香・矯臭作用を持つ香辛料

香辛料	香りの特性	香気成分	用途例
ナツメグ	甘い刺激性の香り。主に賦香作用。	カンフェル，ミリスチシン，ゲラニオール，オイゲノール	ひき肉料理，焼き菓子
シナモン	芳香。特有の甘い香り。主に賦香作用。	シンナミックアルデヒド，オイゲノール	ケーキ，紅茶
バジル	しそ様の香り。さわやかな甘い香り。矯臭作用はごくわずか。	メチルチャビコール，リナロール	トマト料理
クミン	カレー粉の特徴的な香り。賦香・矯臭両方に効果あり。	γ-テルピネン，クミンアルデヒド	肉料理，チャツネ
スターアニス（八角）	野性的な甘い芳香。矯臭作用は弱い。	アネトール	豚・鴨料理，中国料理
ベイリーブス（月桂樹の葉）	樟脳様の清涼感のある芳香。賦香・矯臭両方に効果あり。	シネオール，リナロール，オイゲノール	シチューなどの煮込み料理
ローズマリー	甘い香り。樟脳様の強い芳香。賦香・矯臭両方に効果あり。	1,8-シネオール，ボルネオール	肉料理
クローブ（丁子）	刺激性の香り。バニラ様の甘い香り。賦香・矯臭両方に効果あり。	オイゲノール，カリオフィレン	肉料理，焼きりんご
ガーリック（ニンニク）	刺激臭。賦香・矯臭両方に効果あり。	アリシン	料理全般
オレガノ	しそ様の清涼感のある香り。賦香・矯臭両方に効果あり。	チモール，メチルチャビコール	トマト料理
パセリ	さわやかな青葉様の香り。主に賦香作用。	アピオール，α-ピネン	スープ，卵料理
バニラ	甘い香り。賦香・矯臭両方に効果あり。	バニリン	アイスクリーム，プディング

資料）武政三男，園田ヒロ子：スパイス調味事典，pp.2～179，幸書房，1997

表4−40　辛味付与作用を持つ香辛料

香辛料	主な辛味成分	辛味感覚	用途例
とうがらし	カプサイシン	hot	韓国料理，中国料理，メキシコ料理
こしょう	ピペリン，シャビシン	↑	肉・魚料理，野菜炒め
さんしょう	サンショオール		うなぎ料理など和食
しょうが	ジンゲロール，ショウガオール		肉・魚料理，菓子，飲み物
からし	アリルイソチオシアネート	↓	肉料理（加熱料理に不向き）
わさび	アリルイソチオシアネート	sharp	刺身など和食（加熱料理に不向き）

表4−41　着色作用を持つ香辛料

香辛料	主な着色成分	色調	用途例
サフラン	クロシン（水溶性）	黄金色	ブイヤベース
ターメリック（うこん）	クルクミン（脂溶性）	黄色	カレーパウダー
パプリカ	カプサンチンなどカロテノイド系色素（脂溶性）	赤橙色	チーズ，卵，ポテト料理，ドレッシング

①　賦香作用（香りづけ）

食品や料理に芳香を与える。この香りが，気分に作用して，爽快感を与えたり，鎮静効果を示したりするものもある。

②　矯臭作用（臭み消し）

魚や肉，脂質の酸敗などによる独特の不快臭を弱める。香辛料の香りによるマスキング効果または不快の原因となる物質と香辛料の成分が化学的に結合してにおいを弱めると考えられる。

③　辛味付与作用

辛味とは，口腔内を刺激する感覚や舌がしびれるような感覚（英語でhot）とツーンと鼻に抜けるような感覚（英語でsharp）などの総称であり（表4−40），各香辛料の示す辛味は一様ではない。

④　着色作用

いくつかの香辛料には，長年使用される間に，着色がその使用目的となったものがある。着色成分には，水溶性のものと脂溶性のものがあり，料理によって使い分ける。サフランに含まれる色素はクチナシの実の色素と同じクロシンで，カロテノイド色素であるが水溶性を示す。

索　引

〔編著者〕　　　　　　　　　　　　　　　　　　　　　　　　（執筆分担）

鈴野　弘子　東京農業大学応用生物科学部　教授　　　　　第1章1〜3，第2章1.3(1)2)

真部真里子　同志社女子大学生活科学部　教授　　　　　　第4章4

〔著　者〕(五十音順)

荒井恵美子　島根県立大学看護栄養学部　専任講師　　　　第4章1.1，3

大迫　早苗　相模女子大学短期大学部　教授　　　　　　　第3章1〜5

久保　加織　滋賀大学教育学部　教授　　　　　　　　　　第4章2

玉木　有子　大妻女子大学家政学部　准教授　　　　　　　第1章4，第2章1.1，1.2，
　　　　　　　　　　　　　　　　　　　　　　　　　　　1.3(2)1)・2)，2

土屋　京子　東京家政大学家政学部　教授　　　　　　　　第2章1.3(1)1)，(2)3)〜5)，
　　　　　　　　　　　　　　　　　　　　　　　　　　　(3)〜(5)，第3章6

藤原　智子　京都ノートルダム女子大学現代人間学部　教授　第4章1.2〜1.8

Nブックス
新版 調理学

2020年（令和 2 年） 3 月25日　初 版 発 行
2022年（令和 4 年） 3 月31日　第 3 刷発行

編 著 者　　鈴 野 弘 子
　　　　　　真 部 真 里 子
発 行 者　　筑 紫 和 男
発 行 所　　株式会社 建 帛 社
　　　　　　　　　 KENPAKUSHA

〒112-0011　東京都文京区千石 4 丁目 2 番15号
TEL（03）3944－2611
FAX（03）3946－4377
https://www.kenpakusha.co.jp/

ISBN 978-4-7679-0645-4　C 3077　　　　　壮光舎印刷／常川製本
©鈴野弘子，真部真里子ほか，2020.　　　　Printed in Japan
（定価はカバーに表示してあります。）